Kurt Grobecker

„Manchmal war es sogar komisch...“

Episoden aus Hamburgs schwersten Jahren 1941 bis 1948

CONVENT

Für Julia

Umschlagentwurf: X-six agency GmbH, Hamburg
Satz: KCS GmbH, Buchholz/Hamburg
Druck und Bindung: Clausen & Bosse, Leck
ISBN 3-934613-79-9

Inhalt

Zur Einstimmung

„Heute mittag beginnt der Einmarsch der Besatzungstruppen", ließ der englische Befehlshaber am 3. Mai 1945 die Hamburger Bevölkerung wissen und ordnete an, daß ein Ausgehverbot über die Stadt verhängt worden sei, gegen dessen „Nichtbefolgung" die Besatzungsmacht mit Waffengewalt einschreiten werde.

Der Krieg war zu Ende, und das Schlimmste, die Verteidigung Hamburgs als Festung, war der Stadt erspart geblieben.

Wie knapp die Perle Hammonias ihrer totalen Zerstörung entgangen ist, kann einem damals Neunjährigem nicht bewußt gewesen sein, auch wenn er die Veränderungen, die sich in diesen Maitagen 1945 vollzogen, deutlich zu spüren glaubte. Aber das war eher eine vage Vermutung als ein ihn beunruhigender Tatbestand.

Zunächst einmal ging es ja ihm und all den anderen nicht besser. Daß er überlebt hatte, sei doch ein Glücksfall, hatten ihm die Erwachsenen gesagt. Aber welcher Neunjährige, der sich nicht vorstellen konnte, wie es sich anfühlen würde, wenn er nicht überlebt hätte, wäre imstande gewesen, die Tragweite einer solchen Feststellung zu ermessen? Erst der Umstand, daß er heute nicht mehr allzu weit von seinem siebzigsten Geburtstag entfernt ist, rückt den Glücksfall von 1945 ins rechte Licht.

Und dann war da noch ein zweiter Glücksfall, den es ohne den ersten nicht hätte geben können, und der sich genau vier Jahrzehnte nach der verhängnisvollen „Operation Gomorrha" ereignete: Die Geburt seiner Tochter Julia, die ihn an der Schwelle zum Erwachsensein mit der schlichten Aufforderung „Papi, du mußt das alles ganz genau aufschreiben!" auf den Weg brachte.

Nach anfänglichem Zögern, das längst Verschüttete oder Verdrängte freizulegen und aus der Erinnerung hervorzukramen, zunächst zurückgehalten vom Zweifel, ob nicht der Abstand eines halben Jahrhunderts zu viele Lücken gerissen habe, wagte er zaghaft den ersten Schritt und machte eine erstaunliche Erfahrung: Je mehr Erinnerungen er freilegte, desto mehr neue drängten sich ihm auf. Ein einzelnes Ereignis setzte ganze Kettenreaktionen weiterer Begebenheiten in Gang. Wie Dominosteine fielen die Gedanken, und jeder gab den Anstoß zu einer neuen Ereigniskette, von der kaum abzusehen war, wo sie enden würde.

So entstand aus einer sehr persönlichen Motivation ein sehr persönliches Buch. Ihr, der Tochter Julia, die den Anstoß zu den biographischen Skizzen gegeben hat, soll es gewidmet sein, verbunden mit der Hoffnung, daß ihrer Generation erspart bleiben möge, was die ihrer Väter und Großväter erleben mußte.

Kurt Grobecker

Tränen in der Wohnküche

Seine früheste Erinnerung, die er sich auch Jahrzehnte später noch in allen Einzelheiten vergegenwärtigen konnte, war das Bild einer Bedrohung, ohne daß dieses Bild für ihn als Dreieinhalbjährigen konkrete Umrisse angenommen hätte.

Tränen der Mutter haben für ein Kind immer etwas indifferent Bedrohliches, und seine Mutter saß am Küchentisch und weinte. Ihr gegenüber saß der Vater und schwieg. Dabei war die Küche der Dreizimmerwohnung in Eimsbüttel, in der sich das abspielte, was man „Familienleben" nennt, immer ein Platz der Fröhlichkeit gewesen. Sie hatten immer viel Spaß gehabt, wenn der Vater von der Arbeit nach Hause kam und die Mutter meistens „Hausmannskost" auftrug. Wobei „auftragen" nicht das richtige Bild vermittelt. Sie hob den Topf mit dem Essen meistens nur vom Küchenherd, drehte sich in die andere Richtung und stellte ihn auf den Tisch, auf dem schon ein Untersatz bereitstand, um die Tischplatte zu schonen.

Die derbe Hausmannskost war nicht immer nach dem Geschmack des Jungen, aber die Mutter begegnete seiner Nörgelei stets mit dem Hinweis, der Vater müsse als Zimmermann auf dem Bau hart arbeiten, und da brauche er kräftiges Essen. „Was auf den Teller kommt, wird gegessen!" lautete die Parole, und er wußte, daß Widerstand zwecklos war. Meistens jedenfalls.

Gelacht hatten sie trotzdem immer viel, und tatsächlich aufgegessen wurde auch nicht immer; es gab durchaus Möglichkeiten der Absolution, und sei es auch nur mit Hilfe eines Hinweises auf Bauchschmerzen oder vorübergehende Übelkeit. Da flossen denn auch schon mal ein paar Tränen. Aber dieses Mal war es etwas anderes: dieses stille In-sich-hinein-Weinen der Mutter, das gar nicht aufhören wollte, und das bedrückende Schweigen des Vaters.

„Mami, was hast du denn?" hörte er sich fragen und rüttelte ungeduldig am Ärmel ihres Küchenkittels. Dabei fühlte er, wie auch ihm Tränen über das Gesicht flossen. Seine Mutter schaute ihn an, sehr lange, und sehr eindringlich blieben ihre verweinten Augen auf ihn gerichtet. Dann legte sie ihre wohlgeformte Hand mit den langen schlanken Fingern, die sie als Schneiderin so bewundernswert geschickt zu bewegen wußte, auf seinen Kopf und strich ihm über das Haar.

„Papi muß in den Krieg!" sagte sie mit einer Stimme, die von unendlich weit herzukommen schien.

Er wußte nicht, was das bedeutete. Aber er spürte, daß es etwas sein mußte, das auch sein Leben verändern würde. Er konnte ja noch nicht wissen, daß es für viele das Ende ihres Lebens bedeuten würde.

„Papi muß in den Krieg!"

Intermezzo in Berlin

Eine lange Zeit hatte er seinen Vater nicht gesehen. Viel zu lange für einen kleinen Jungen. Eigentlich konnte er sich kaum noch an ihn erinnern. In seiner Vorstellung formte er sich ein Bild von seinem Vater, das sich später als recht weit neben der Realität liegend erweisen sollte. Auch die Fotografie, die seine Mutter auf dem Nachtschränkchen neben ihrem Bett stehen hatte und die sie oft sehr lange und nachdenklich anschaute, half ihm nicht viel weiter. Nur daß der Vater als Zimmermann mit Holzarbeiten vertraut war und auch mit Tischlerwerkzeug geschickt umzugehen verstand, wußte er noch recht genau. Schließlich war als Ergebnis dieser Kunst etwas herausgekommen, was ein Kind zeitlebens nicht vergißt: Einen kleinen Blockwagen als Fahrradanhänger hatte ihm sein Vater gebaut, und der Sohn hatte das Gefährt, das durch eine kleine Windschutzscheibe in seiner Phantasie zu einem Rennwagen aufgewertet wurde, stolz und mit einer irgendwo auf dem Dachboden liegenden, viel zu großen Rennfahrerbrille vor den Augen, in Besitz genommen. Bis nach Lübeck waren die beiden geradelt, und die sechs Stunden waren für den Jungen wie im Fluge vergangen, ohne daß er sich Gedanken darüber gemacht hätte, wie anstrengend das für den Vater gewesen sein mußte.

Das aber war so ziemlich das einzige Bild, das er in seiner Erinnerung abgespeichert hatte. Alles andere hatte sich verflüchtigt, obwohl die Mutter immer viel von seinem Vater gesprochen hatte und ihn auch wissen ließ, wie sehr sie ihren Mann vermißte.

Eines Morgens aber überraschte sie ihn mit der Nachricht, man werde zusammen mit Papi verreisen. Die Soldaten seien zu einem Lehrgang weit weg von Hamburg abkommandiert worden, und einige dürften ihre Frauen und kleine Kinder mitnehmen.

Ins Riesengebirge sollte die Reise gehen, und das klang nach Abenteuern in der großen weiten Welt; denn er war ja – außer zu seinen Großeltern nach Lübeck – noch niemals weit verreist. Und auch das war ja schon eine ziemlich lange Bahnfahrt, die er am aufregendsten in dem „Doppeldecker" erlebte, von dem er später lernte, daß es ein Zug der Büchen-Lübecker Eisenbahn war. Auch nach dem Krieg hatte er die Wagen mit den beiden übereinanderliegenden Fensterreihen noch eine Zeitlang gesehen. Er war jedesmal ganz aufgeregt gewesen, wenn dieser Zug, der zu seinem Erstaunen ohne Dampflokomotive fahren konnte, mit majestätischer Würde in den Hauptbahnhof einrollte. Der Zug hatte auch, als die Glasscheiben des durch Bomben beschädigten Bahnhofs herausgefallen waren und nur noch ein lebloses Stahlgerüst zurückgelassen hatten, durch dessen triste Höhlen es auf die Bahnsteige regnete, nichts von seiner Erhabenheit verloren. Für ihn war er so etwas wie persönliches Eigentum, und manchmal nahm er es den anderen Fahrgästen übel, daß sie ihm das Privileg, den „Doppeldecker" für sich allein zu nutzen, durch ihre Anwesenheit streitig machten.

Er war enttäuscht, als ihm seine Mutter sagte, daß sein Lieblingszug nicht dorthin fahren würde, wo er seinen Vater treffen sollte.

„Riesengebirge" – das klang geheimnisvoll und gewaltig. Folglich mußte es weit weg liegen; denn hier in seiner Umgebung – davon war er fest überzeugt – hatte er schon alle Geheimnisse ergründet, und es gab nichts mehr zu entdecken, das auch nur der geringsten Anstrengung wert gewesen wäre. Über Nacht, so hatte ihm seine Mutter erzählt, wollten sie unterwegs sein. Er war noch nie über Nacht mit der Eisenbahn gefahren und fand das aufregend.

Von Berlin aus würden sie fahren, irgendwo hin, eben ins Riesengebirge. Der Name beflügelte seine Vorstellungswelt. Er war ja noch nie einem Riesen begegnet. Außer zu Weihnachten im Theater, wo für Soldatenkinder „Das tapfere Schneiderlein" gespielt worden war. Den Auftritt der Riesen aber hatte er als Betrug empfunden, weil er schnell gemerkt hatte, daß es nur ganz normale Menschen waren, die in großen Stiefeln mit ganz hohen Sohlen über die Bühne stapften. Im Riesengebirge würde das natürlich anders sein! Seit ihm die Mutter aus einem Buch vorgelesen hatte, daß dort ein grimmig dreinblickender, aber offenbar recht gutmütiger Riese namens „Rübezahl" hauste, konnte er die Zeit kaum noch abwarten, bis er dieser Gestalt – in respektabler Entfernung, versteht sich – gegenüberstehen würde.

Das aber konnte noch einige Zeit dauern. Nach kindlichen Maßstäben viel zu lange. Denn zunächst einmal stand Berlin auf dem Reiseprogramm. Die Stadt interessierte ihn zwar wenig, aber dort würden er und seine Mutter auf jeden Fall seinen Vater treffen, um dann mit ihm zusammen weiterzufahren. Es war ihm auch ganz lieb, sich unter dem väterlichen Schutz zu wissen; schließlich konnte man nie wissen, ob nicht dort außer dem gutmütigen Rübezahl noch andere, vielleicht weniger freundliche Riesen hausten.

Als seine Mutter mit ihm in Berlin ankam, regnete es in Strömen. Einen Regenschirm hatten sie nicht mitgenommen. Außerdem schleppte seine Mutter zwei Koffer, und es war niemand da, der ihr half, so daß sie gar keine Hand für einen Schirm frei gehabt hätte.

In der Wohnung angekommen, in der sie übernachten sollten, zog ihn seine Mutter zunächst einmal bis auf das Unterhemd aus und legte die durchnäßten Kleidungsstücke auf die Heizung.

Er sah sich in dem Zimmer, das für eine Nacht sein Zuhause sein sollte, genau um. Als behaglich empfand er es nicht. Der Raum war so hoch, wie er niemals zuvor ein Zimmer gesehen hatte. Von der mit schweren Stukkaturen verzierten Decke hing bedrohlich ein gewaltiger Kronleuchter über seinem Kopf, und er wagte gar nicht, sich vorzustellen, daß der ja auch einmal herunterfallen könnte, während er gerade mitten im Raum stand.

Die Möbel waren viel größer als die zu Hause. Und viel dunkler: Wie überhaupt in den ganzen Raum nur wenig Licht hereinkam. Schwere dunkelgrüne Vorhänge mit goldenen Bommeln hingen vor den hohen Fenstern und ließen ihn vermuten, daß die Leute, die hier wohnten, nicht gern Sonne mochten, die er selbst doch so sehr liebte.

Bewundernd stellte er fest, daß der düstere braune Wohnzimmerschrank mit den geschnitzten Girlanden viel breiter war als der seiner Eltern. Sechs weit ausholende Schritte mußte er machen, um daran vorbeizukommen, und er hatte gleich zweimal Maß genommen, weil er gar nicht glauben konnte, sich nicht vermessen zu haben.

Überhaupt war hier alles größer als in seiner Hamburger Mietwohnung. Auch die beiden Ledersessel und das an der Wand stehende Sofa mit den vielen Brokatkissen darauf. Der dunkelbraune Lederbezug war schon an vielen Stellen ganz brüchig und runzelig geworden. ‚Wie die Haut von Uroma', dachte er, und ihn schauderte bei dem Gedanken, daß die Urgroßmutter immer geküßt werden wollte, wenn er zusammen mit seinen Kusinen auf Besuch kam. Glücklicherweise, dachte er, hat der Sessel nicht auch noch Bartstoppeln, wie sie an Uromas Kinn sprießten und die Annäherung zu einem Horrorerlebnis werden ließen. Er wußte genau: So etwas durfte er nur denken; denn wenn er es laut sagte, wurde seine Mutter jedesmal böse. Also behielt er den Gedanken für sich!

Einen der Sessel mit der langen Sitzfläche hatte er sogleich in Besitz genommen und befand, darauf könne man gut schlafen. Die Mutter hatte nichts dagegen einzuwenden und erklärte, selbst auf dem Sofa schlafen zu wollen. Als er dann abends seinen Sessel-Platz eingenommen hatte, stellte er fest, daß sein Nachtlager unangenehm nach Bohnerwachs roch. Aber er kam zu dem Schluß, das sei immer noch besser, als allein in einem solchen Zimmer übernachten zu müssen, wo er bestimmt von den Ungeheuern im Riesengebirge träumen würde. So aber konnte er seine Mutter im Auge behalten, und was wichtiger war: sie ihn!

Was ihn auf beunruhigende Weise störte, war das große Bild, das in einem schwarzglänzenden Rahmen über dem Sofa hing. Auf ihm war ein Mann zu sehen, dessen Blick nachdenklich in die Ferne gerichtet war. Unter der Nase hatte er einen witzigen kleinen Bart, und er trug eine Schirmmütze und eine hellbraune Jacke, deren Ärmel mit einer roten Armbinde verziert war, ungefähr so, wie die größeren Jungen in der Schule ihren Mannschaftsführer beim Völkerballspielen kenntlich machten.

Seine Mutter erklärte ihm, das sei Adolf Hitler. Von dem hatte er schon mal gehört. Und seine Mutter sagte auch, der Mann sei ein Segen für Deutschland, und er habe versprochen, uns alle zu beschützen und glücklich zu machen.

Wenn das so ist, dachte er, dann könne er ja getrost einschlafen.

Wiederbegegnung mit dem Vater

Am nächsten Morgen war er schon früh aufgewacht. Die Aussicht, etwas Neues erleben zu können, trieb ihm den Schlaf aus den Augen.

In der Nacht hatten die Sirenen zweimal geheult. Sie klangen genauso wie die in Hamburg. Er hatte den Alarm im Halbschlaf wahrgenommen und sich darauf verlassen, daß ihn seine Mutter schon wecken würde, wenn die Gefahr eines Angriffs gegeben war.

Früher, so hatte sie ihm erzählt, hatte sie ihn immer durchschlafen lassen und in den Luftschutzkeller hinuntergeschleppt. Zuerst ihren fest schlafenden Jungen, dann war sie noch einmal drei Etagen über die ziemlich steilen Holztreppen hochgeeilt und hatte die beiden Koffer mit dem Lebensnotwendigen geholt. Es verging kaum eine Nacht, in der ihr dieses beschwerliche Ritual erspart geblieben war. Inzwischen aber war er zu groß und zu schwer geworden, um noch geschleppt zu werden, und er hätte es auch gar nicht gewollt!

Das Zimmer, in dem er an diesem Morgen erwachte, hatte nichts von seiner bedrohlichen Schwere verloren, und er spürte, daß er sich in einer solchen Umgebung niemals wohlfühlen könnte.

Nachdem er sich in dem kleinen Handwaschbecken, das auf einem scheinbar endlos langen und dunklen Flur aus der Wand herausragte, schnell und oberflächlich gewaschen hatte – „Katzenwäsche", wie seine Mutter mißbilligend kritisierte –, steckte die rundliche Wirtin, eine Frau Breiss, ihren Kopf durch den Spalt der halbgeöffneten Tür und fragte, ob sie das Frühstück auf dem Zimmer servieren solle.

„Wie in einem richtigen Luxushotel", sagte seine Mutter. Sie hatte noch nie in einem Luxushotel gewohnt, aber sie hatte eine Vorstellung davon, wie es in einem solchen Hotel zuzugehen pflegte.

Die Wirtin brachte Schwarzbrot, Margarine, die ranzig schmeckte, Marmelade, etwas Kunsthonig, ein weichgekochtes Ei und dazu Pfefferminztee und Kaffee. „Echter Bohnenkaffee", sagte seine Mutter überrascht. „Ich möchte wissen, woher sie den in diesen Zeiten bekommen hat. Aber ist doch nett, daß sie davon etwas abgibt!"

Nach dem Frühstück öffnete seine Mutter eine Tür des Wohnzimmerschranks. Die Wirtin hatte ihr gesagt, daß dort einige Spiele liegen würden, mit denen man sich gut die Zeit vertreiben könne, und sie solle sich ruhig bedienen.

Seine Mutter schlug „Mensch ärgere dich nicht!" vor. Aber er bestand darauf, lieber „Halma" spielen zu wollen. Er wußte, daß er nur allzu leicht in Wut geriet, wenn man eine seiner Figuren rauswarf. Meistens flossen dann auch ein paar Tränen. Darüber ärgerte er sich noch mehr! Und an einem Tag wie diesem, an dem er seinen Vater treffen durfte, wollte er sich nicht ärgern und schon gar nicht weinen. Er wollte einen guten Eindruck machen. Auch vor sich selbst.

Während sie spielten – beide offenbar etwas lustlos –, hatte es zweimal an der Wohnungstür geklingelt. Aufgeregt war er über den langen Flur gelaufen in der Hoffnung, sein Vater habe den Klingelknopf gedrückt. Aber beide Male wurde er enttäuscht; der Vater ließ auf sich warten. Aus Dänemark würde er anreisen, hatte er der Mutter geschrieben, aber er wisse nicht genau, wann sein Zug ankommen würde. Die Fahrt über Flensburg, Lübeck und Rostock nach Berlin, dazu in einem langsamen Zug und vermutlich durch Fliegeralarm unterbrochen, sei unberechenbar.

Erst lange nach dem Mittagessen, zu dem die kugelrunde Frau Breiss Linsensuppe aufgetragen hatte, traf endlich auch der Vater ein. Für den Jungen hatte die Begegnung etwas Befremdliches, und er hatte Angst, seine Enttäuschung nur schwer verbergen zu können und den Vater damit vielleicht zu kränken. Aber sein Vater entsprach so gar nicht dem Bild, das der Sohn in seiner Erinnerung bewahrt hatte. Der Mann roch auch anders als früher. Nicht nach dem erfrischenden „Tarr“, wie das vom Vater benutzte Rasierwasser hieß, von dem sich der Sohn manchmal etwas ins Gesicht gerieben hatte, um „erwachsen“ zu riechen. Aber er hatte sich jedesmal gewundert, warum sich jemand etwas ins Gesicht reiben konnte, das so abscheulich brannte, als sei man mit Feuer in Berührung gekommen.

Dennoch hätte er den Geruch an diesem Tag gern eingesogen, weil er mit ihm etwas Vertrautes verband und die wenigen Erinnerungen wachzurufen hoffte, die zwölf Monate Abwesenheit des Vaters zurückgelassen hatten. Tatsächlich gewahrte er an seinem Vater einen etwas strengen Geruch, der von der grauen Uniform ausging, eine unangenehme Duftmischung aus trockenem Staub und feuchter Wolldecke.

Als ihn der Vater nach einem Begrüßungskuß am Körper hinuntergleiten ließ, kam noch der Geruch von Leder und Metall hinzu, der von dem schwarzen Leibriemen und dem mit einem Hakenkreuz verzierten Koppelschoß ausging.

Irgendwie kam der Vater dem Jungen fremd vor. Aber der Junge gab sich Mühe, ihn das nicht spüren zu lassen.

Es dauerte einige Zeit, bis das Eis gebrochen war. Die Geschenke, die der Vater aus Dänemark mitgebracht hatte – einen aufklappbaren Tuschkasten mit 24 Farben, dazu etliche dicke und feine Pinsel und einen großformatigen Zeichenblock –, erleichterten die Annäherung und bauten das Vertrauen wieder auf, das dem Jungen bei der ersten Wiederbegegnung nach der unendlich langen Zeit abhanden gekommen war.

Bis zum späten Abend waren die Wasserfarben ausprobiert, und die temperamentvollen Pinselschwünge hatten etliche Wasserflecke auf dem dunklen Mahagonitisch von Frau Breiss hinterlassen. Aufmerksam und etwas neugierig hatte er – scheinbar ganz auf seine Malkünste konzentriert – genau zugehört, was sich die Eltern zu erzählen hatten. Als aber sein Vater begann, über seine Erlebnisse als Kradmelder in Skandinavien zu berichten, begann ihn die Sache zu langweilen. Er gähnte ein paarmal, und seinen Eltern schien das zu gefallen. Bereitwillig folgte er entgegen seiner sonstigen Gewohnheit den Mahnungen seiner Mutter, sich endlich schlafen zu legen.

Morgen wartete eine lange Reise auf die Familie.

Lebertran für Führer und Vaterland

Die Eisenbahnfahrt ins Riesengebirge hatte er als Enttäuschung erlebt. Nicht nur, weil seine Mutter weit hinten in den Zug eingestiegen war, obwohl er doch so sehr darauf gehofft hatte, unmittelbar hinter der Dampflokomotive fahren zu können, wo man das Fauchen und Stampfen des qualmenden Ungetüms so deutlich hören und er sich vorstellen konnte, ein riesiger feuerspeiender Drache würde ihn irgendwohin in die weite Welt enführen.

Als er seine Mutter mit der ganzen Wucht eines vorwurfsvollen kindlichen Untertons, dessen ein Fünfjähriger fähig ist, zu verstehen gab, daß ihm die Wahl des Waggons mißfiel, erklärte sie ihm, die letzten Wagen seien für sie reserviert gewesen.

Am meisten enttäuschte ihn dabei, daß er nicht mit seinem Vater in einem Abteil sitzen durfte. Es hätte ihm gefallen, bei den Soldaten zu sein, die immer so aufmunternde Lieder sangen, deren Texte er zum Teil auswendig kannte. Sein Vater und einige der anderen Soldaten, die seine Enttäuschung bemerkten, hatten ihm versprochen, ihn an ihrem Zielort im Riesengebirge mitmarschieren zu lassen; denn von der Eisenbahnstation sei es noch eine ziemlich weite Strecke nach Großaupa, wo sie alle untergebracht seien.

Bis dahin aber hatten sie noch eine weite Reise vor sich, an der er als das Spannendste empfand, daß sie über Nacht dauern würde.

Als es dann soweit war, muß er sehr müde gewesen sein; denn am nächsten Morgen konnte er sich kaum noch an ein Ereignis der vorangegangenen Nacht erinnern. Zweimal war er aufgewacht. Das erste Mal, als die Lautsprecher auf einem Bahnhof nach einem gellenden Pfeifton dröhnend verkündeten, daß der Zug in der Stadt Halle angekommen sei.

Ein zweites Mal war er in dieser Nacht aufgewacht, weil das monotone Geräusch der über die Nahtstellen der Schienen rumpelnden Wagenräder plötzlich verstummt war, was ihn im Schlaf irgendwie beunruhigt haben mußte. Als er die Augen aufschlug und seine Mutter fragend anblickte, streichelte sie ihm das Gesicht und sagte, es habe Fliegeralarm gegeben, und deshalb habe der Zug angehalten. Aber er solle nur ruhig weiterschlafen, es werde ganz sicher nichts passieren.

Tatsächlich, so erzählten sich die Erwachsenen am nächsten Morgen, hatten einige feindliche Tiefflieger den Zug bedrängt und auch einige Schüsse abgegeben. Weil aber Verdunkelung befohlen worden war, sei nichts weiter passiert.

Genau so, wie es seine Mutter prophezeit hatte, was sein grenzenloses Vertrauen in sie weiter festigte. Er wußte, daß er sich immer auf sie verlassen konnte. Und diese Sicherheit ist ihm bis an ihr Lebensende erhalten geblieben.

Als die Bahn am nächsten Morgen auf einer kleinen Bergstation mit laut quietschenden Bremsen ausrollte und schließlich anhielt und seine Mutter ihm sagte, daß sie hier aussteigen würden und er seinen Vater gleich wiedersehen könne, stand die Sonne schon ziemlich hoch. Er wunderte sich, wie viele Menschen in einen Zug hineinpaßten; denn der schmale Bahnsteig war für die vielen mit ihm zusammen angekommenen Soldaten viel zu eng. Insgeheim beneidete er die Männer in ihren grauen Uniformen, weil sie in einem großen Waggon gesessen hatten, während er mit seiner Mutter zusammen mit einer anderen Frau und zwei kleinen Kindern in einem kleinen Abteil sitzen mußte, was er ja schon von den häufigen Fahrten zum Großvater nach Lübeck kannte. Anders war, daß dieses Abteil die aus seiner Sicht entwürdigende Aufschrift „Mutter und Kind“ mit einem dicken roten Kreuz darunter trug.

Ein solches Kreuz trugen auch die Krankenschwestern auf ihren Kitteln, die häufiger hereingeschaut und gefragt hatten, ob alles in Ordnung sei. Er wunderte sich, daß die Schwestern doch eigentlich ganz nett waren. Dabei hatte er sie aus der „Wiegestunde“, die seine Mutter in Hamburg regelmäßig mit ihm besucht hatte – und wohl auch besuchen mußte, weil es die Partei verlangte –, als reichlich ruppige und wenig einfühlsame Frauen in Erinnerung. Besonders suspekt waren sie ihm, weil sie ihn immer wie ein Weltwunder bestaunt hatten und noch andere hinzuriefen, wenn er pflichtgemäß seinen Lebertran schluckte. Dann standen sie staunend um ihn herum und beguckten ihn, wie er die Affen in Hagenbecks Tierpark begaffte, dem seine Muter oder Oma Jette zweimal im Jahr mit ihm zusammen einen Besuch abstatteten. Dabei war er sich keiner Besonderheit bewußt, die ihn so bestaunenswert machte.

Nach und nach kam er dahinter, daß der Grund für das Interesse an seiner Person seine Bereitschaft war, den verordneten Lebertran widerstandslos zu schlucken und manchmal sogar einen „Nachschlag“ zu verlangen, während sich andere Kinder mit Händen und Füßen verzweifelt wehrten und so lange würgten, bis sie sich tatsächlich übergeben mußten. Für sie gab es dann eines Tages eine milchigtrübe Flüssigkeit, die penetrant nach Apfelsinen und einem Hauch von Fischöl roch. Bei den anderen Kindern erfreute sich dieses Getränk großer Beliebtheit. Ihm allerdings drehte sich der Magen um, und er war fest überzeugt, daß Apfelsinen und Fisch irgendwie nicht zusammenpaßten. Folglich bestand er nachdrücklich darauf, weiterhin den „richtigen“ Lebertran zu bekommen, nachdem die Schwestern vergeblich versucht hatten, ihm die widerliche Emulsion einzutrichtern und ihm sogar gedroht hatten, er dürfe eines Tages nicht zur Hitlerjugend, wenn er sich weiterhin gegen die Wohltat wehre, die ihm der Führer angedeihen lasse. Eines richtigen Jungen sei es einfach nicht würdig, die großzügige Gabe zum Wohl seiner Gesundheit und damit zum Wohl des Volkes zurückzuweisen. Schließlich aber mußten die Schwestern begriffen haben, daß seine Abneigung gegen die Emulsion nicht zu brechen war, und betrachteten ihn fortan als das bestaunenswerte, Lebertran genießende Wunder, das man überall herumzeigen mußte.

Seit jener Zeit mochte er die Frauen in den weißen Kitteln nicht besonders, die „Heil Hitler" sagten, wenn er mit seiner Mutter in das „Wiegezimmer" trat, die ihn mit viel zu kalten Händen anfaßten und auf die Waage schoben und manchmal eine Spritze gaben, was man nach seiner Meinung etwas sanfter hätte tun können. Hier im Zug aber waren die Schwestern eigentlich ganz nett. Sie halfen seiner Mutter sogar, die Koffer aus dem Bahnwaggon herauszuheben, und er beschloß, sich mit der sonderbaren Gattung weiblicher Wesen wieder auszusöhnen.

Es hatte lange gedauert, bis sich alle Soldaten auf dem Bahnsteig aufgestellt hatten und einer, von dem er später erfuhr, daß es einer war, der etwas zu sagen hatte und den die anderen „Herr Hauptfeldwebel" nannten, sie furchtbar anschrie. Aber die anderen nahmen ihm das offenbar nicht übel, sondern sie taten alles, was er von ihnen verlangte.

Sie gingen sogar im Gleichschritt, was den Jungen sehr beeindruckte.

„Ro-hose-marie"

Nicht gefallen wollte ihm, daß sich sein Vater von irgendeinem viel zu lauten Menschen irgendetwas sagen lassen mußte und immerzu „jawoll" sagte, wo doch „ja" eigentlich genügt hätte. Beim besten Willen konnte er sich nicht daran erinnern, daß sein Vater zu Hause jemals „jawoll" gesagt hatte. Irgendwie kam ihm der Mann, den er nicht ohne Stolz „Papi" nannte, in dieser Umgebung fremd vor.

Als sie, wie er meinte, lange genug herumgestanden hatten und der Mann mit der lauten Stimme alle namentlich aufgerufen und die mit ebenso lauter Stimme „hier!" gebrüllt hatten, setzte sich die Kolonne in Bewegung. Er bekam noch mit, daß das Ziel des Marsches ein Ort mit dem Namen Großaupa sein würde und daß man dorthin wohl ziemlich stramm zwei Stunden lang marschieren mußte.

Einer der Soldaten meinte, ein kleiner Junge würde das kaum schaffen, was ihn kränkte, weil er darüber anders dachte. Das aber hinderte den Soldaten nicht daran, ihn mit einem kräftigen Schwung auf die Schulter zu nehmen. „Nur für ein kleines Stück", wie ihm auf Ehrenwort versprochen wurde. Er mußte sich selbst aber eingestehen, daß es sich dort oben eigentlich ganz komfortabel marschieren ließ. Er konnte die ganze Marschkolonne in beiden Richtungen überblicken. Er stellte sich vor, in einer endlos langen Karawane auf dem Rücken eines Kamels zu sitzen. Er war stolz darauf, sich nicht festhalten zu müssen, obwohl der unter ihm marschierende Soldat ihm angeboten hatte, sich an einer bestimmten Stelle der Uniform festzuhalten.

Erhobenen Hauptes saß er dort oben und versuchte immer schön das Gleichgewicht zu halten. Er wunderte sich darüber, wie grün die Wiesen mit den gelben Blumen zu beiden Seiten der Straße leuchteten. Solche Farben hatte er niemals zuvor gesehen, schon gar nicht in Hamburg. Überhaupt schien hier alles anders zu sein als zu Hause. Sogar die Kühe: Sie waren hell- und dunkelbraun mit Weiß dazwischen, während er bisher doch immer gedacht hatte, Kühe müßten unbedingt weiß und schwarz sein. Er hatte überhaupt in jüngster Zeit viel über Kühe gelernt. Zum Beispiel, daß man sie melken konnte und dann Milch herauskam. Während er doch früher immer geglaubt hatte, Milch werde in irgendeiner Fabrik hergestellt. Dann aber hatte er in Moisling, wo seine Tante mit ihren sieben Kindern wohnte, einer Bäuerin beim Melken zugeschaut und gesehen, daß die Milch aus der Kuh eigentlich gar keine richtige Milch war, wie er sie jeden Tag bei Herrn Plagemann kaufen mußte. Der tauchte dann eine eckige Schöpfkelle in einen großen Bottich und kippte einen Liter in die verbeulte Aluminiumkanne, mit der ihn seine Mutter losgeschickt hatte. So sehr er sich immer auf das Milchholen freute, weil er unterwegs einen kräftigen Schluck aus der Kanne nahm, was seine Mutter aber nicht wissen durfte, so sehr ärgerte es ihn, wenn Herr Plagemann den scharfkantigen Deckel der Milchkanne über die Marmorplatte seiner Verkauftheke schob. Das gab jedesmal ein krächzendes Geräusch, daß es ihm kalt über den Rücken lief.

Während er so seinen Gedanken nachhing, war er auf den Schultern des Soldaten eingeschlafen. Er wachte erst wieder auf, als der immer viel zu laute „Herr Oberfeld" den Männern zurief, sie sollten ein Lied singen … drei …vier!

Er, der oben auf seinem komfortablen Platz thronte, hatte nichts anderes erwartet, als daß sie es tun würden. Dann sangen sie aus vollem Hals, so laut, wie man nur singen kann, und das schien ihnen sogar Spaß zu machen. Ihre Stiefel klapperten den Takt dazu. Er fand das ziemlich aufregend und ertappte sich dabei, daß sein Fuß in demselben Rhythmus wippte, in dem die Soldaten marschierten.

Was sie sangen, hatte er schon einmal irgendwo gehört, vielleicht in dem Soldaten-Wunschkonzert, das seine Mutter jeden Sonntagmorgen einschaltete und den Regler des Radios dann so weit aufdrehte, daß sich schon einmal die Nachbarn beschwert hatten.

Den Text des Liedes konnte er nicht genau verstehen. Sie sangen irgend etwas davon, daß es so schön sei, Soldat zu sein. Er konnte das nur bestätigen, wenn er so da oben saß und über den Troß hinwegblickte, der zwischen den hohen Bergen seinem Ziel entgegenmarschierte. Und dann sangen sie noch etwas von einer Ro-hose-marie. Er fand das witzig, weil eine seiner Kusinen Rosemarie hieß, aber es ihm im Traum nicht eingefallen wäre, sie Ro-hose-marie zu nennen, was sie sich wohl auch nicht hätte gefallen lassen.

Anschließend wurden noch ein paar andere Lieder gesungen, die er aber – bis auf das eine, in dem ein Heideblümlein namens Erika vorkam – nicht kannte. Er war zu dem Lied sogar ein ganzes Stück mitmarschiert, weil der Soldat, der ihn auf den Schultern getragen hatte, ihn auf die Dauer als zu schwer befunden hatte, und weil sein Vater auch der Meinung war, er könne gefälligst auch ein Stück selber laufen.

Tapfer war er mitmarschiert und hatte festgestellt, daß er jedes Mal zwei weitausholende Schritte machen mußte, wo die Soldaten mit einem einzigen auskamen. Das empfand er als ungerecht, aber es war nicht zu ändern.

Ein Schutzpatron gegen den Krieg

Als sie in Großaupa ankamen, wo sie in einem Haus mit einem riesigen Mühlrad an der Seite wohnen sollten, unter dem ein kleiner Bach entlangplätscherte, war die ganze Landschaft in Rot gehüllt: Sonnenuntergang in den Bergen.

Er nahm das Naturschauspiel beiläufig zur Kenntnis. Denn er war nach der langen Reise und dem Fußmarsch – immerhin zwölf Kilometer hatten ihm die Soldaten gesagt, und das seien zwölfmal tausend Männerschritte – viel zu müde, um sein Interesse über den Zeitraum eines flüchtigen Augenblicks hinaus wachzuhalten.

Näher lag ihm die Frage nach der „Schlafordnung". Ihnen waren, nachdem sich die Männer wieder ein einer Reihe aufgestellt hatten und namentlich aufgerufen worden waren, zwei Zimmer zugewiesen worden; ein größeres und ein ziemlich kleines, in dem gerade einmal Platz für ein Bett und einen kleinen Schrank war. Verglichen mit dem riesigen Raum mit dem großen braunen Ledersofa, auf dem er noch vor zwei Nächten in Berlin geschlafen hatte, empfand er das als Rückschritt. Aber sie hatten ihm erklärt, in den „Bauden", wie die Berghütten in dieser Gegend genannt wurden, sei alles etwas kleiner und einfacher, und die Menschen seien hier auch recht arm.

Was ihn am meisten ärgerte, war die Entscheidung seiner Mutter, ihn in dem kleinen Zimmer einzuquartieren und daß sie für sich selbst und den Vater das große Zimmer haben wollte. Nicht die Enge des Raums, der nicht einmal ein kleines Waschbecken hatte, empfand er als störend. Wohl aber die Tatsache, daß ihm sein Vater den Platz im Bett neben seiner Mutter streitig machte. Seit langem war er es ja gewohnt, daß ihn seine Mutter, sobald die Alarmsirenen die Menschen geweckt und durch die Entwarnung wieder ins Bett entlassen hatten, zu sich ins Schlafzimmer holte, wo er bis zum Morgen bleiben durfte.

Jetzt also, ausgerechnet hier im Riesengebirge, wurde er ins „Kinderzimmer" verbannt.

Als er dann im Bett lag, konnte er nicht einschlafen. Das war ein Zustand, den seine Mutter „Übermüdung" nannte. Er selbst führte es darauf zurück, daß er in den letzten Stunden viel Aufregendes erlebt hatte und die Bilder, die sich ihm immer wieder aufdrängten, ihm keine Gelegenheit gaben, sich von dem Erlebten zu lösen.

Hinzu kam sein Wunsch, endlich Rübezahl zu sehen, jene finster blickende, keulenbewehrte Gestalt, von der ihm niemand sagen konnte, wie der genau aussah, und ob der gut sei oder eher böse (was er glaubte) und ob Rübezahl nur draußen die Menschen erschreckte, oder ob er auch, vielleicht durch Wände hindurch, ins Zimmer kam.

Es gab einige Bilder von dem sonderbaren Berggeist. Aber, so hatte er bald begriffen, nichts Zuverlässiges: Einmal war Rübezahl als zotteliger Urmensch dargestellt, auf einer anderen Zeichnung ähnelte Rübezahl eher einer Mischung aus dem Sankt Nikolaus und einem Mönch.

Als er einschlief, wußte er nicht, ob ihn Rübezahl nun bedrohte oder ob er ihn im Ernstfall auch beschützen würde.

Am nächsten Morgen stand er früh auf und lief noch vor dem Frühstück hinunter, um sich das Mühlrad anzusehen, das sich in der Strömung des kleinen Bergbachs gemächlich drehte. Im Vorbeilaufen hatte er in der Diele des Hauses eine gerahmte farbige Karte gesehen, die er sich bei seiner Rückkehr genau ansah.

Auf dieser Karte war das Datum 1561 gedruckt. Der alte Mann, dem das Haus gehörte und der unten wohnte, erzählte den Kindern, die mit ihren Vätern hierhergekommen waren, an einem der nächsten Nachmittage, was es mit dem Rübezahl eigentlich auf sich hatte. Sie hörten ihm gern zu; denn der Alte konnte spannend erzählen, wenn auch zu langsam für die ungeduldigen Kinder und zudem in einem Dialekt, dem die überwiegend aus Norddeutschland stammenden Kinder nur schwer folgen konnten.

Der alte Mann war fest davon überzeugt, daß es den Rübezahl tatsächlich einmal gegeben hatte und daß dessen Geist unsterblich sei. Wie kein anderer soll er die Kunst beherrscht haben, Erze aus dem Berg zu holen. Und weil ihm viele diese Kunst neideten, behaupteten sie, der Mann stehe mit dem Teufel im Bunde. Deshalb hätte man ihn zunächst – wie auch auf dieser Karte – immer als Fabelwesen gezeichnet, ein Ungeheuer, das mit einem Adlerkopf ausgestattet war, das ein riesiges Hirschgeweih trug und das auf seinen staksigen Bocksbeinen auf die Schneekoppe gestiegen war. Rübezahls Körper habe dem eines Löwen geglichen, und dazu habe das seltsame Tier einen zweigeteilten Löwenschweif hinter sich hergezogen. Und weil der Schweif in dieser Gegend, die man Schlesien nenne, „Zagl" heiße, sei der Name des Fabelwesens eigentlich „Rübezagl", woraus dann die Menschen „Rübezahl" gemacht hätten.

Andächtig lauschten die Kinder den Geschichten.

Auch er fand die Fabel sehr spannend, aber auch verwirrend. Immerhin aber blieb sie ihm jahrzehntelang in Erinnerung, und immer wenn er an das Riesengebirge dachte, war mit dem Gedanken das Bild der Märchenfigur Rübezahl verbunden. Wobei er insgeheim immer noch hoffte, daß sich die Geschichte doch nicht als ganz so märchenhaft erweisen möge und er den Berggeist wenigstens auf dem Weg zur Schneekoppe zu sehen bekäme. Auf diesen Berg nämlich, so hatten ihm seine Eltern versprochen, dürfe er mitkommen, obwohl seine Mutter zu bedenken gegeben hatte, daß die Wanderung für den Jungen vielleicht doch zu anstrengend sein könnte.

Schließlich hatten ihn die Eltern doch zurückgelassen, weil den Soldaten befohlen war, „einen strammen Marsch" zur Schneekoppe zu absolvieren. Seine Vorstellung und seine Hoffnung, er könne wieder auf starken Soldatenschultern „reiten", war verworfen worden.

Als kleines Trostpflaster versprachen ihm seine Eltern, an einem der nächsten Tage ganz allein mit ihm in die Nähe der Schneekoppe zu wandern, dorthin, wo die große Elbe als noch ganz kleines Flüßchen aus der Erde kommt.

Seit er den Hamburger Hafen kennengelernt hatte, wohin ihn seine Mutter und die Eltern eines Freundes ein paarmal mitgenommen hatten, war für ihn die Elbe das Spannendste, was er je gesehen hatte. Ausgenommen der Elbtunnel, in den man mit riesigen Holzfahrstühlen hineinfahren konnte. Bei dem Spaziergang unter der Elbe stellt er sich auf halber Strecke immer vor, wie es wohl wäre, wenn plötzlich eine der Tunnelröhren brechen und eine Sintflut von Elbwasser alles wegspülen würde.

Als er jetzt dort stand, wo „seine" Elbe das Licht der Oberwelt erblickte, war er enttäuscht: Nicht eine sprudelnde Quelle „entspringt" zwischen zwei massiven Bergen, von denen einer die Schneekoppe ist. Kein kleiner Springbrunnen, auf den er gehofft hatte, verließ die Erde, sondern die Elbe war hier ein langweilig dahinplätscherndes Rinnsal inmitten eines Hochmoores mit einem Dickicht aus Moosen und Krüppelkiefern. Und außer der einen Quelle gab es noch viele kleine Zubringer, die ihr spärliches Wasser zum „Hauptstrom" schickten.

Was ihm als erstes auffiel, als er seine Hand in das Quellwasser hielt, war die eisige Kälte. Er konnte sich gar nicht vorstellen, wie man darin baden konnte. Dabei war er schon oft mit seinen Cousins aus Nienstedten unterhalb des Elbhangs in den Fluß gesprungen. Bis ihm seine Mutter unter Androhung von Strafe streng verboten hatte, in der Elbe zu baden, weil sie das Wasser für viel zu dreckig hielt.

Zwei Wochen blieben sie im Riesengebirge. Dann war der Lehrgang seines Vaters zu Ende, ohne daß er jemals erfahren hätte, was sein Vater dort eigentlich gelernt hatte.

Zum Abschied hatte ihm der alte Mann, der die schönen Geschichten zu erzählen wußte, einen kleinen holzgeschnitzten Rübezahl geschenkt. Dieser Rübezahl, so hatte der Alte gesagt, würde ihn beschützen. Er solle ihn nur immer bei sich tragen, dann werde ihm nicht einmal der Krieg, von dem im Riesengebirge gar nichts zu spüren war, etwas anhaben können.

Als er sich von dem Alten verabschiedete, merkte er, wie ihm ein paar Tränen über das Gesicht liefen.

Er wußte, er würde den Alten nicht wiedersehen.

Und er ahnte, daß er in seinem Leben niemals wieder in das Riesengebirge kommen würde.

Beides sollte eintreffen. Und der hölzerne Rübezahl hat ihn tatsächlich beschützt und über den Krieg gebracht, der im Riesengebirge so weit weg war und dem er – kaum wieder zu Hause – ausgesetzt war.

„Camelia gibt allen Frauen …"

Seine Mutter legte Wert darauf, ihn „anständig" erzogen zu haben. Was „anständig" war, hatte sie ihm nie erklärt. Aber sie hatte ihm manchmal handgreiflich demonstriert, wie gewisse Konventionen „anständig" abzulaufen hatten:

„Mach deinen Diener!" war eine der Erziehungsmaximen, die von ihm verlangte, bei der Begrüßung Erwachsener den Kopf so weit zu senken, daß der mit solcher Ehrerbietung Bedachte – so jedenfalls stellte er es sich vor – ein Gefühl der Überlegenheit entwickeln konnte. Und das empfand er als ungerecht; denn es gab nicht viele, denen er eine solche Ehre zuteil werden lassen wollte.

Besonders nicht Herrn Grund, der auf der gegenüberliegenden Straße eine Drogerie hatte. Während Frau Grund, eine rundliche, urgemütliche ältere Dame, durchaus seine Sympathien hatte, gehörte Herr Grund zu seinen frühkindlichen Feindbildern.

Die Geschichte hat eine Vorgeschichte. Er war fünf Jahre alt und freute sich auf seinen bevorstehenden Geburtstag. Draußen war es bitter kalt. Seine Mutter, die ihn bei ihren Einkäufen meistens mitnahm, hatte ihn den Wintertemperaturen entsprechend ausgestattet. Zu dieser Ausstattung gehörte auch eine wärmende, aber für einen Jungen wenig attraktive schwarz-rote Wollmütze, die über der Stirn spitz zulief und ihm ein Aussehen gab wie Gustaf Gründgens, wenn der den Mephisto spielte. Wohl deshalb nannten die Leute diese ebenso wärmende wie unattraktive Kopfbedeckung „Teufelsmütze". Aber vom „Faust" wußte er ja noch nichts. Zunächst befand er nur, daß die Mütze irgendwie nicht zu ihm paßte, und er hatte bei seiner Mutter immer wieder interveniert.

Herr Grund brachte schließlich das Faß zum Überlaufen: Als seine Mutter zusammen mit ihm in die Drogerie eintrat, die sie immer den „Seifenladen" nannte, stand Herr Grund schon vor dem großen Eckschrank mit den vielen kleinen Schubladen und schien nur darauf zu warten, ein Opfer zu finden, das er beleidigen konnte. Kaum hatten er und seine Mutter den Laden betreten, in dem es immer aus einer Mischung aus Kernseife und Kamillentee roch, da stürzte Herr Grund aus seiner Ecke hervor, als habe er ihn schon erwartet, tippte mit seinem gichtigen Zeigefinger, dessen unappetitlicher Nagel aussah wie die Miniaturausgabe eines Pferdhufs, auf die Teufelsmütze und sagt mit höhnischem Grinsen und schnarrender Stimme: „Was ist denn das für eine alberne Mütze? So was tragen doch sonst nur kleine Mädchen!"

In diesem Augenblick spürte er, wie ihm das Blut in den Kopf schoß. Vielleicht, weil Herr Grund ausgesprochen hatte, was er selbst schon immer irgendwie gewußt hatte, ohne es sich einzugestehen. Aus lauter Verlegenheit wurde er furchtbar rot, daß er glaubte, alle Leute in dem kleinen Seifenladen würden nur auf ihn starren und insgeheim über ihn lachen.

In diesem Augenblick beschloß er, Herrn Grund bis an sein Lebensende zu hassen, und er sagte – nein: er hörte sich sagen, oder wie er später sagen würde: es sagte in ihm: „Was sind Sie überhaupt für einer, daß Sie mich einfach so anquatschen?"

Herrn Grund muß das getroffen haben. Er pustete sich furchtbar auf und schimpfte so etwas wie „unerhört" und „schlecht erzogen".

Es war ihm egal, was Herr Grund von ihm dachte. Eigentlich hatte er den Mann immer ganz gern gemocht, weil dessen Hobby der Bau von Drehorgeln war, die er von Zeit zu Zeit in seinem Seifenladen vorführte. Das fand er jedesmal spannend. Jetzt aber hatte ihn Herr Grund geärgert, ja massiv beleidigt, und es war ihm egal, was der Mann über ihn dachte.

Was ihn aber zutiefst enttäuschte, war der Verrat, den in dieser Situation seine Mutter an ihm beging. Statt sich auf seine Seite zu stellen, was wohl ihre Pflicht gewesen wäre, weil er doch recht hatte, sagte sie für alle im Laden vernehmbar, Herr Grund könne sich darauf verlassen, daß die Ungezogenheit zu Hause ein Nachspiel haben werde; die Tracht Prügel sei ihm so gut wie sicher. Und er wußte aus schmerzhafter Erfahrung, daß seine Mutter es ernst meinte und ihre Drohung in die Tat umsetzen würde. Er fühlte sich doppelt gedemütigt: durch den verbalen Angriff eines ihm höchst unsympathischen alten Mannes und durch den Mangel an Solidarität, wie er ihn bei seiner Mutter nur selten erlebt hatte.

Übel nahm er ihr auch, daß sie bei dieser Gelegenheit eine uralte Sache wieder aufwärmte, die sich vor einem Jahr in demselben Seifenladen abgespielt hatte, und dessen Verwerflichkeit er bis auf den heutigen Tag nicht begriffen hatte.

Er hatte beobachtet, daß es seiner Mutter, um deren Wohlergehen er immer sehr besorgt war, in regelmäßigen Abständen nicht sehr gutging. Sie blickte ihn dann mit einer gottserbärmlichen Leidensmiene an und sagte ihm, er solle mal zu Frau Grund über die Straße gehen und ihr „Camelia“ holen. Er machte das widerspruchslos und freute sich jedesmal, wenn ihm Frau Grund den blauen Karton in die Hand gedrückt hatte, seiner Mutter einen Gefallen getan zu haben.

Eines Tages wollte er wissen – vierjährige Söhne sind neugierig –, wozu denn Camelia gut sei. Seine Mutter erklärte ihm, sie würde es sich, wenn sie Bauchweh habe, zum Wärmen auf den Unterleib legen.

Das leuchtete ihm ein. Er wunderte sich zwar, warum er bei Bauchschmerzen nur eine mit Wasser gefüllte Wärmflasche auf den Bauch bekam und nicht Camelia. Aber, so versuchte er es sich zu erklären, Mütter funktionierten eben anders als Söhne. Und damit war er zufrieden.

„Camelia“ war das erste Wort, das er zu lesen gelernt hatte. Nicht weil er imstande gewesen wäre, die Buchstaben aneinanderzureihen und daraus ein Wort zu formen, sondern weil das Wort aus einem so wunderschönen weißen Schriftzug auf blauem Grund bestand, was er sich gut einprägen konnte. Das Wort hatte für ihn einen hohen

Wiedererkennungswert. Diese Eigenschaft aber wurde ihm zum Verhängnis. Eines Tages nämlich entdeckte er – ausgerechnet im Seifenladen von Herrn Grund – den verschnörkelten Schriftzug auf einem an der Wand hängenden Werbeplakat. Allerdings stand noch etwas darunter, und er fragte seine Mutter, was das bedeute. Sie las es ihm vor, immer darauf bedacht, seinen kindlichen Wissensdrang zu befriedigen, wenn auch manchmal mit fadenscheinigen Ausreden. Diesmal aber las sie wahrheitsgemäß „... gibt allen Frauen Sicherheit und Selbstvertrauen". Es war ihm nicht klar, was das zu bedeuten hatte. Aber er speicherte den Satz mit derselben Selbstverständlichkeit, mit der er sich den Abzählvers „... Müllers Esel der bis du!" eingeprägt hatte.

Natürlich lag ihm daran, sein neu erworbenes Wissen aller Welt kundzutun. Und als er ein paar Tage später wiederum mit seiner Mutter, die dort ein Schwätzchen halten wollte, in den Seifenladen kam, in dem immer noch das Plakat hing und ein Pulk älterer Damen darauf wartete, bedient zu werden, verschaffte er sich mit dem lauten Satz „Ich weiß was" Gehör. Als alle erwartungsvoll auf ihn blickten, zeigte er triumphierend auf das hübsche Plakat und zitierte laut und vernehmlich, in der Hoffnung, man würde glauben, er könne schon lesen: „Camelia gibt allen Frauen Sicherheit und Selbstvertrauen!" Er ging davon aus, das Publikum werde seine vermeintlichen Lesekünste mit Beifall belohnen, wiederholte den Satz und fügte mit einem Blick in die Runde hinzu: „Das ist doch gut, nicht?"

Statt den Applaus des Publikums, das sich verlegen irgendwo im Laden einen Punkt suchte, auf den es seine Blicke richten konnte, um die anderen nicht ansehen zu müssen, erntet er einen Stoß in die Seite, den ihm seine Mutter verpaßte. Als er sein Wissen ein weiteres Mal unter die Leute bringen wollte, stieß ihm seine Mutter so unsanft in die Rippen, daß ihm die Tränen kamen und er den Satz schnell herunterschluckte.

Er konnte sich beim besten Willen nicht erklären, wodurch er sich den Unwillen seiner Mutter zugezogen hatte und warum die anderen so beharrlich schwiegen. Aber, so wurde ihm später klar, es mußte etwas Furchtbares gewesen sein. Wie sonst hätte es ihm seine Mutter noch ein Jahr später als strafverschärfend für den „Teufelsmützenfall" vorhalten können?

Emmas Ende unter Ausschluß des „Stadtjungen“

Vor ein paar Wochen hatte er seinen sechsten Geburtstag gefeiert. Seine Mutter hatte ihm einen Kuchen gebacken, der streng nach Mandeln schmeckte und im Hals kratzte. Das komme von dem künstlichen Mandelaroma, hatte sie ihm erklärt. Aber ohne ein paar Tropfen davon könne man keinen Kuchen backen. Er erinnerte sich daran, daß er einmal heimlich eine dieser kleinen Glasröhrchen geöffnet und den Inhalt ausgetrunken hatte. Ein paar Stunden später hatte er entsetzliche Bauchschmerzen und Durchfall bekommen.

Weil er sich nicht getraut hatte, seiner Mutter das Vergehen zu beichten und die zu erwartenden Sanktionen dafür auf sich zu nehmen, war er zur Großmutter Henriette gelaufen, die drei Straßen weiter wohnte. Sie deckte nicht nur seine Untaten – was immer er auch verbrochen hatte –, sie tröstete ihn auch immer, wenn sie spürte, daß er getröstet werden wollte. Und darüber hinaus beschwichtigte sie seine Mutter, wenn die richtig in Rage kam und glaubte, wegen eines kindlichen Vergehens hart durchgreifen zu müssen.

Alles zusammen waren das gute Gründe, sich der „Oma Jette“ anzuvertrauen, die aus Ostpreußen stammte und ihn besonders durch ihr Geständnis in Erstaunen versetzt hatte, daß sie in seinem Alter noch nie eine Eisenbahn gesehen hatte und daß sie zu Hause alle zusammen die Suppe aus einem einzigen Kochtopf gelöffelt hatten, der mitten auf den Küchentisch gestellt wurde, weil es keine Teller gab.

Die Oma war es auch, die immer etwas Süßes aus einer abgewetzten Pappschachtel hervorkramte, die scheinbar niemals leer wurde und stets sein unstillbares Bedürfnis nach etwas Süßem befriedigte, wenn die Vorräte zu Hause längst aufgebraucht waren und die Mutter ihm bedauernd mitteilte, in dieser Dekade werde wohl auch nichts mehr „aufgerufen“. Im Klartext bedeutete dies, daß es fürs erste nichts mehr zu naschen geben würde.

Überhaupt hatte ihn seine Mutter, behutsam zwar, aber doch unmißverständlich, darauf vorbereitet, daß man künftig weniger zu essen haben werde und ab und zu hungern müsse. Das war eine Tatsache, die ihn nicht sonderlich beunruhigte, weil er noch nicht erfahren hatte, wie sich Hunger anfühlt.

Dieses Privileg verdankte er seiner Mutter, die als junges Mädchen in Lübeck den Beruf der Schneiderin erlernt hatte. „Bei der russischen Meisterin Tanja", wie sie immer wieder stolz erzählte; denn sie war als jüngstes von acht Kindern das einzige Mädchen, das eine Lehre absolvieren konnte. Die älteren Schwestern waren „in Stellung" geschickt worden und hatten gelernt, wie man kocht und einen Haushalt in Ordnung hält. Sie selbst aber war der Star in der Familie, und alle bewunderten sie, weil sie Stoffe zuschneiden konnte, ohne dazu einen Schnittmusterbogen zu benutzen. Auch er war stolz auf seine Mutter, weil sie etwas konnte, um das sie andere beneideten. Er profitierte sogar davon; denn wenn ein Kleidungsstück an eine Kundin auszuliefern war, die nicht allzuweit entfernt wohnte, durfte er das erledigen und kassierte jedesmal ein hübsches Trinkgeld.

Jetzt, in der Zeit der Lebensmittelknappheit, zahlte sich diese von seiner Mutter beherrschte Kunst aus. Sie konnte die Familie, die ja – seit der Vater an der Front war – aus gerade einmal anderthalb Menschen bestand –, über Wasser halten.

Zweimal im Jahr fuhren sie nach Niederochtenhausen, einem kleinen Dorf in der Nähe von Bremervörde. Dort wartete auf seine Mutter reichlich Arbeit: Flickschneiderei an der bäuerlichen Arbeitskleidung und im günstigsten Fall etwas Neues für die Bäuerin nach dem aus der Not geborenen Prinzip „aus zwei mach eins".

Den Jungen interessierte das alles nur am Rande. Für ihn war es wichtig, daß es auf den Bauernhöfen alles gab, was man in der Stadt entbehren mußte: „Seute Melk", wie eines der Bauernmädchen die Vollmilch „frisch von der Kuh" nannte, Speck, Leberwurst, Schmalz und frisch gebackenes Brot, vor allem aber Butter, die auf geheimnisvolle Weise in einem Holzfaß durch das Auf- und Abbewegen einer durchlöcherten Holzscheibe entstand.

Seine Mutter hatte ungefähr fünf oder sechs Stellen, die nach und nach „abgearbeitet" wurden. So zogen sie nach einem festen Plan alle zwei oder drei Tage weiter.

Er freute sich jedesmal am meisten auf die Zeit bei „Tante Greetje", eine resolute und nach seiner Meinung für eine Bäuerin etwas zu hagere Frau, die unten am Ufer der Oste einen für seine Begriffe riesigen Bauernhof hatte.

Bei Tante Greetje gab es alles, was bei den anderen Bauern auch zu haben war. Aber darüber hinaus hatte Greetje etwas zu bieten, das sie in der Gunst eines Stadtjungen in einsame Höhen steigen ließ. Da war zunächst das schilfumsäumte Oste-Ufer, an dem man stundenlang dicke Frösche beobachten und gelegentlich auch fangen konnte – jedenfalls für einige kurze Augenblicke, bis einem die glitschigen Tiere zappelnd wieder aus der Hand rutschten.

Dann gab es auf dem Hof gleich zwei Pferdegespanne, die ständig im Einsatz waren, und auf denen er abwechselnd nicht nur mitfahren, sondern gelegentlich sogar die Zügel halten durfte. Er wunderte sich, wie leicht es war, zwei so riesige Pferde wie den Braunen und den Schimmel einfach dadurch zu lenken, daß man an der einen oder anderen Seite des Zügels zog. Allerdings war es für ihn nicht einfach, genau abzuschätzen, wie groß der Bogen sein würde, den der Wagen fuhr. Einmal hatte er zu früh am Zügel gezogen. Und wenn nicht der Knecht auf dem Kutschbock eingegriffen hätte, wäre der große, mit Zuckerrüben beladene Wagen in einen neben der Straße verlaufenden Graben gestürzt.

Einmal waren sie mit einem Gespann in das benachbarte Heesedorf gefahren, wo ein Schmied den Gäulen neue Hufeisen anpassen sollte. Gebannt hatte er zugeschaut, wie das dunkelgraue Eisen seine Farbe in der durch einen Blasebalg angefachten Glut des Schmiedefeuers veränderte, und er hatte einen mächtigen Schrecken bekommen, als das rotglühende Eisen mit einer Zange auf den Hinterhuf des Pferdes gedrückt wurde und bedrohlich zischend dichter Dampf aufstieg. Er war der Meinung, das müsse dem armen Pferd doch furchtbare Schmerzen verursachen. Dieses aber ließ alles ganz ruhig mit sich geschehen, was ihn beruhigte.

Das Spannendste aber war, daß es auf dem Bauernhof von Tante Greetje richtige Russen und Polen zu sehen gab. Von denen hatte er, bis auf ein einziges Mal, immer nur gehört, und die Leute erzählten sich nichts Gutes über sie. Einmal hatte er in Hamburg beobachtet, wie zwei Männer in einem vor dem Haus stehenden Mülleimer gewühlt und nach etwas Eßbarem gesucht hatten. Das seien russische Gefangene, hatte ihm eine zufällig vorbeikommende Frau erzählt, und sie hatte noch hinzugefügt: „So leben die zu Hause auch." Er hatte sich die Männer genau angesehen und fand, daß sie, so mager, wie sie waren, erbärmlich aussahen. Einer der Russen hatte ihn kurz angeschaut und sich dann schnell wieder abgewendet. Er wußte nicht so recht, ob er die beiden Männer bedauern oder verachten sollte. Als er jetzt die Russen auf dem Bauernhof sah, fiel ihm die Begegnung wieder ein, und er dachte bei sich, es müsse doch in Rußland, von dem er nur wußte, daß es sehr groß war und unser Land zerstören wollte, wohl unterschiedliche Arten von Russen geben. Denn diese, die Greetje immer nur „unsere Familien-Russen" nannte, waren ganz anders: ziemlich gut genährt, und sie aßen auch nicht aus Mülleimern, sondern bekamen ihr Essen auf den Tisch gestellt, und zwar das gleiche wie die anderen Familienmitglieder. „Sie machen gute Arbeit auf dem Hof", hatte Tante Greetje einmal zu seiner Mutter gesagt, „deshalb müssen sie auch gut essen! Das bekommen sie bei uns!" Seine Mutter hatte ihm am Abend vor dem Einschlafen erklärt, daß es sich um Kriegsgefangene handelte, und sie hatte noch hinzugefügt: „Die sind nicht freiwillig hier, sondern die mußten genau so in den Krieg ziehen wie dein Papi."

Das war ihm allerdings zu kompliziert, und er fragte deshalb nicht weiter nach.

Weil von dem Kuhstall auf der gegenüberliegenden Hofseite deutliche Signale zu vernehmen waren, daß die Tiere auf ihre Abendmahlzeit warteten, beschloß er, hinüberzugehen und beim Füttern zu helfen. Er liebte den Duft nach getrockneter Wiese, wie er ihn in der Stadt noch nie gerochen hatte. Wenn das Heu vor den Boxen verteilt wurde und man mit der Nase zu dicht herankam, mußte man fürchterlich niesen, und irgendwie machte ihm das Spaß.

Er hatte überhaupt jedesmal viel Spaß, wenn seine Mutter mit ihm „über Land" fuhr, wenn sie sich beide schon frühmorgens mit leerem Magen auf den Weg machten und wenn sie nach einer Woche oder etwas mehr mit vollen Taschen und zwei prall gefüllten Rucksäcken nach Hamburg zurückkehrten.

Nur ein einziges Mal hatte er keinen Spaß an seinem Landaufenthalt empfunden: Für den nächsten Morgen, so hatten ihm die Jungen aus der Nachbarschaft erzählt, sei eine Schlachtung angesetzt. Aber man dürfe nicht darüber sprechen, denn das zum Tode verurteilte Schwein sollte „schwarz" geschlachtet werden, das heißt: Die Polizei durfte nichts davon erfahren, weil das Ereignis nicht angemeldet war und, so schloß er aus der aus der Geheimnistuerei, folglich wohl nicht erlaubt sein konnte.

Er hatte die ganze Nacht unruhig gegrübelt und nicht geschlafen, was seine Mutter nicht merken konnte, weil er sich – sobald sie die Tür öffnete und der matte Lichtschein einer Stehlampe, unter der sie bis in die Nacht hinein Handarbeiten erledigte, in seine kleine Schlafkammer fiel – schnell auf die Seite legte und sich schlafend stellte. Tatsächlich aber waren seine Gedanken bei Emma, dem armen Schwein, das vielleicht noch gar nichts von seinem ihm bevorstehenden Schicksal wissen konnte. Immer wieder malte er sich aus, wie das wohl vor sich gehen würde, und seine Gefühle schwankten zwischen Abscheu und Neugier.

Am nächsten Morgen war noch im Dunkeln mehr Unruhe auf dem Hof als sonst um diese Zeit vor Sonnenaufgang. Er zog sich, immer noch unsicher, ob er bei dem Ereignis dabeisein wollte, hastig Hemd, Hose und Schuhe an und ging, ohne daß es seine Mutter im Nebenzimmer merkte, nach dem kleinen windschiefen Fachwerkhaus hinüber, das sich zur Kuhweide hin an den Stall anschloß.

Das Herz schlug ihm bis zum Hals, als er in einen Raum eintrat, an dessen Stirnwand bis zur Decke hin weiße Kacheln angebracht waren. Davor standen allerlei große und kleine Holztische, Metallbehälter, Eimer, eine lange Holzmulde und viel Werkzeug, das aber anders aussah als das seines Lübecker Großvaters in der Zimmermannswerkstatt. Von der Decke hing eine stahlglänzende, über eine Rolle geführte Kette herunter, mit deren Hilfe man etwas hochziehen konnte. Es fiel ihm nicht schwer, sich vorzustellen, daß der unkomfortable Aufzug für Emma reserviert war.

Nebenan grunzte und quiekte es. Es war kein fröhliches Quieken, wie er es so oft gehört und immer als lustig empfunden hatte, sondern eher ein angsterfülltes, hilfeflehendes, bittendes Winseln. Ihn fröstelte, und er fand, daß es reichlich kühl war an diesem Morgen. Aber er beschloß, bei aller Abscheu gegen das Spektakel, die Sache durchzustehen.

Dann geschah etwas, von dem er noch fünfzig Jahre später nicht zu sagen vermochte, ob er es erleichtert zur Kenntnis genommen, vielleicht sogar heimlich herbeigesehnt hatte, oder ob es für ihn eine Art Erlösung von einer bevorstehenden Qual bedeutete. Jedenfalls hörte er – kurz bevor Emma ihr Schicksal ereilte – irgendeinen der Männer sagen: „Nimm mal den Stadtjungen da weg. Der muß das ja nicht sehen!"

Einer der Knechte schob ihn unsanft nach draußen, zog die knarrende Holztür wieder zu und legte den Riegel vor.

Der „Stadtjunge" schwankte zwischen Dankbarkeit und Verärgerung, daß ihm die Entscheidung des Dabeiseins abgenommen wurde. Was ihn ärgerte, war die Erkenntnis, nicht dazuzugehören. Zum ersten Mal erfuhr er, daß er etwas anderes war, etwas weniger Wichtiges als „die vom Lande".

Hatte er sich bis dahin den Kindern auf den Bauernhöfen immer ein bißchen überlegen gefühlt, weil er Dinge kannte, von denen die noch nie etwas gehört hatten, so erlebte er jetzt so etwas wie Ausgrenzung, in der das Schlüsselwort „Stadtjunge" für ihn etwas geradezu Kränkendes hatte. Immerhin blieb es ihm dadurch erspart, Emma sterben zu sehen.

Das wiederum erleichterte es ihm, sich unbefangen auf die schönen „Fettsachen" zu freuen, die er und seine Mutter ein paar Tage später nach Hamburg schleppten und dabei darauf achteten, nur nicht den Polizisten aufzufallen, die alle Leute argwöhnisch beobachteten, die mit Gepäck den Bahnhof verließen und dort in die Straßenbahn umstiegen. Seine Mutter war sichtlich erleichtert, als sie die Wohnung in Eimsbüttel erreicht hatten, und sagte, von dem Mitgebrachten könnten sie ein paar Wochen leben, und er dürfe deshalb ganz unbesorgt über das sein, was sie ihm vor der Reise über die Lebensmittelkürzungen erzählt hatte.

Sehr viel später, als er gelernt hatte, in der Zeitung nicht nur die Bilder anzusehen, sondern auch Informationen herauszulesen, begriff er, was seine Mutter damals beunruhigt hatte: Am 6. April 1942, kurz bevor er den Angriff auf Lübeck erleben mußte, war die wöchentliche Fleischration für „Normalverbraucher" – ein Wort, das in dieser Zeit so oft gebraucht wurde, daß er gar nicht auf die Idee kam, zu fragen, was das bedeuten sollte – von 400 auf 300 Gramm gekürzt worden. Die Butterration betrug von diesem Zeitpunk an nur noch 125 statt 150 Gramm. Die Brotmenge wurde von 2500 auf 2000 Gramm herabgesetzt. Und statt 96,87 Gramm Margarine gab es „bis auf weiteres" nur noch 65,62 Gramm.

Als er endlich gelernt hatte, abschätzen zu können, was Zahlen wie „96,87 Gramm" ungefähr bedeuteten, war der Krieg längst vorbei. Die Zahlen, die ihm vorher nichts sagten, erfüllten ihn jetzt mit Unbehagen; denn sie erinnerten ihn an die so verhaßten „eingekleideten Aufgaben“ in der Schule, die er nie richtig verstand, geschweige denn jemals lösen konnte.

Seine Mutter, so erinnerte er sich, hatte immer die richtigen Antworten gewußt. Nicht nur auf die Fragen, die er ihr gestellt hatte, sondern auch auf Situationen, mit denen sie im Krieg hatte fertig werden müssen. So war es auch gewesen, als immer neue Verknappungen angekündigt wurden. Am liebsten wäre sie jedesmal „zu den Bauern“ gefahren, die in ihrem Dorf alles hatten, was man zum Leben brauchte. Da das aber nicht immer möglich war, mußte sie sich etwas anderes einfallen lassen.

Aus irgendeiner Zeitung hatte sie ein Rezept herausgerissen, das einen „herzhaften Brotaufstrich“ versprach. Sorgfältig hatte sie den Ausschnitt in eine Kladde geklebt, in der sich allerlei „Tips für die gesunde Ernährung“ befanden und in die sie auch ihre persönlichen Notizen geschrieben hatte über das, was irgendeine andere Hausfrau ausprobiert und für gut befunden hatte. So etwas sprach sich immer schnell herum.

Für eine Hausfrau aus der Stadt war es sicher nicht leicht, die Zutaten für den „herzhaften Brotaufstrich“ zu beschaffen. Seine Mutter ging zusammen mit einer Nachbarin, die vorgab, sich mit Pflanzen gut auszukennen, nach einem Bahndamm in Stellingen, um die erforderlichen Zutaten zu ernten: Sauerampfer sollte hinein und Schafgarbe. Er konnte sich nicht erinnern, solches Kraut jemals zuvor gesehen zu haben. Was noch dazukam, kannte er: Petersilie mußte noch hinein und Schnittlauch, und schließlich Essig und Salz. Mit Milch verdünnt, sollte das Ganze auch noch eine passable Soße ergeben.

Gab es aber nicht! Als das Zeug am nächsten Tag auf dem Tisch stand, befand er, es sei ungenießbar. Und er freute sich auf den nächsten Besuch in Niederochtenhausen.

„Herr Jesses, Herr Jesses!“ – Lübeck brennt

1942 hatte er zum ersten Mal die ganze beängstigende Wucht des Krieges bewußt wahrgenommen: Weil seine Lübecker Großmutter Ende März verstorben war, hatten sich deren acht Kinder und die nicht geringe Anzahl von Enkelkindern, dazu die teilweise von weit her angereisten Geschwister, im Haus des Großvaters am Wakenitzufer eingefunden und waren von dort aus auf die weitverzweigte Verwandtschaft „verteilt" worden.

Er selbst blieb in dem kleinen Haus des Großvaters, wo auch zwei seiner Kusinen lebten, mit denen er sich gut vertrug – ein Umstand, von dem die Eltern hofften, zusammen würden die Kinder den traurigen Anlaß des Familientreffens am leichtesten überwinden können und schließlich vergessen.

Seine Eltern – Vater Henry hatte für die Beerdigung der Schwiegermutter Sonderurlaub von der Front bekommen – wohnten bei einem Bruder seiner Mutter und der Schwägerin auf der gegenüberliegenden Seite des Flusses.

Es war die Nacht auf den 29. März, den die mehr der Kirche zugewandten Familienmitglieder aus Gründen, die er nicht verstand, „Palmarum" nannten. Über die Bedeutung des Wortes hatte er nicht weiter nachgedacht und auch niemanden gefragt. Aber die Ereignisse der Nacht, die ihn und alle anderen im Haus in Angst und Schrecken versetzten, sollten für ihn zum ersten hautnahen und prägenden Kriegserlebnis werden.

Die Kinder waren früh ins Bett geschickt worden. Sie hatten während des ganzen Tages stundenlang auf der dicken Eisfläche der zugefrorenen Wakenitz herumgetobt. Abends hatten sie ihm ein Bett in das Zimmer der Mädchen gestellt, und die Tante hatte ihnen erlaubt, sich vor dem Einschlafen noch Gruselgeschichten zu erzählen. Darüber waren die übermüdeten Kinder schnell eingeschlafen.

In der Nacht hatten die Alarmsirenen sie aus dem Schlaf gerissen. Das aber war nichts Ungewöhnliches; er kannte das ja von Hamburg. Aber, so hatten die Erwachsenen gesagt, in Lübeck sei das ganz anders; denn das Haus des Großvaters liege weit von der Innenstadt entfernt, und außerdem gebe es weit und breit keine Rüstungsbetriebe. Damit sei die Gefahr, daß die „Tommies" hier Bomben abwerfen würden, so gut wie nicht gegeben.

Irgendwann in der Nacht heulten die Alarmsirenen.

Noch während die Sirenen ihren nervenaufreibenden Lärm über die Stadt verbreiteten, waren die Kinder, ohne die Pyjamas auszuziehen, in Trainingshosen geschlüpft und hatten sich Pullover übergestreift. Sie hatten sich an den Stubentisch gesetzt, und der Großvater hatte eine Petroleumlampe angezündet. Dann ging er durch alle Zimmer, um die grauen Decken, die zur Verdunkelung vor die

Fenster gehängt wurden, zu überprüfen. Das war ein Ritual, das er jeden Abend mit derselben Akribie zelebrierte, mit der er auch Tag für Tag die dunkelbraune Mahagoniuhr aufzog, über deren Ziffernblatt mit den in gotischen Zeichen geschriebenen Zahlen ein geschnitzter Adler thronte.

Kurz darauf leiteten zwei oder drei schwere Detonationen, die die Fensterscheiben zum Klirren brachten, einen Großangriff ein. Es dauerte nicht lange, bis ein heller Feuerschein den Lübecker Nachthimmel in ein aggressives Rot hüllte. „Schaurig schön" nannte seine Tante Martha, die im Haus das Sagen hatte, das makabre Schauspiel. „Schaurig schön", wiederholte einer der Verwandten. Seine Stimme klang seltsam mechanisch und ausdruckslos.

Die Kinder konnten nicht verstehen, daß die Erwachsenen aufgeregt auf die Straße rannten. Es war doch nichts passiert. Und die aus Bayern angereisten Brüder und Schwestern der verstorbenen Großmutter riefen immer: „Herr Jesses, Herr Jesses!" und baten eine gewisse Jungfrau Maria um Beistand, was er und seine Kusinen verwundert zur Kenntnis nahmen, weil sie keine Maria kannten und sich auch nicht vorstellen konnten, wie die ihnen helfen sollte.

Kurz darauf liefen alle ins Haus zurück, weil ein furchterregendes Pfeifen ankündigte, daß eine Bombe – abgeworfen offenbar von einem Nachzügler aus dem Verband der Royal Air Force – aus dem wolkenlosen, inzwischen von beißendem Rauch bedeckten Himmel fiel. Das war das Schreckliche an solchen Ereignissen, die bei Angriffen häufig durchlebt werden mußten: Man wußte, daß ein Bombeneinschlag unmittelbar bevorstand, man ahnte ungefähr, wie viele Sekunden sie dauern würden, diese Augenblicke zwischen Tod und Leben. Aber man wußte nie, ob es wirklich das Ende sein würde, weil niemals abzuschätzen war, wo genau die Bombe einschlagen und ihr Vernichtungswerk vollbringen würde.

Auch die Kinder spürten das Bedrohliche dieser Situation, aber sie konnten die tatsächliche Gefahr nicht ermessen. Erst als die Bombe in ihrer unmittelbaren Nähe die Eisdecke der Wakenitz durchschlug und das Eis krachend und mit weithin hörbarem Nachhall zerbersten ließ, begannen seine beiden Kusinen zu weinen. Auch er selbst fühlte sich bei weitem nicht so tapfer, wie man ihn glauben machen wollte, daß es ein deutscher Junge zu sein habe. Ein paar Tränen konnte er nicht unterdrücken, und er war froh, daß der matte Schein der Petroleumlampe diesen Ausdruck seiner Angst gnädig verschleierte.

Am nächsten Morgen ging Onkel Heinrich, der älteste Bruder seiner Mutter, mit den Kindern in Richtung Untertrave, um die Schäden des Angriffs zu begutachten. Dort unten im Gängeviertel hatte der Großvater Johannes seine Kindheit verbracht, und er ging mit seinen Enkeln und Urenkeln gern dorthin, um ihnen zu zeigen, wie schön das früher alles einmal war. In diesem Punkt aber waren die Enkel ganz anderer Meinung. Die Häuser waren eng und niedrig, daß man kaum aufrecht darin stehen konnte. Über einem Durchgang an einem windschiefen Fachwerkhaus war noch die Inschrift „Weimannshof" zu lesen. Es erfüllte ihn, den Sechsjährigen, mit Stolz, daß der Familienname seines Großvaters mütterlicherseits dem engen Hof seinen Namen gegeben hatte. Jetzt war das engbebaute Areal von dem sich unerbittlich voranfressenden Feuer bedroht: Etliche der mittelalterlichen Häuser brannten lichterloh und drohten die Nachbarhäuser mit sich ins Verderben zu ziehen. Die Feuerwehr schien machtlos zu sein.

Onkel Heinrich erklärte den Kindern, daß auch das Schabbelhaus und das Buddenbrookhaus in der Mengstraße ein Opfer der Flammen geworden seien. Damit konnten sie nicht viel anfangen, aber sie spürten an dem Tonfall, in dem ihnen das erzählt wurde, daß es sich um bedeutende Häuser handeln mußte.

Besser begriffen sie, was ihre kindliche Seele mit Erschütterung zur Kenntnis nehmen mußte: Auch die Lübecks Silhouette beherrschenden majestätischen Türme von St. Marien und St. Petri waren dem Angriff zum Opfer gefallen. Noch am folgenden Tag qualmten die beiden Turmstümpfe der Marienkirche wie riesige Schlote. Etwas Ungeheuerliches mußte geschehen sein, und es prägte sich den Kindern nicht nur durch das Schreckensbild brennender Gebäude ein, sondern sehr viel nachhaltiger durch den Geruch, den das Feuer verbreitete: ein seltsames Gemisch aus Qualm- und Rauchpartikeln, aus verbranntem Holz, ausgeglühten Metallteilen und organischen Verbrennungsrückständen. Die Kinder konnten noch nicht wissen, daß sie dieses mit nichts sonst vergleichbare Geruchsgemisch ein ganzes Leben lang nicht vergessen sollten und daß sie dieser charakteristische stechende und die Geruchsnerven belästigende Gestank, der an einem Frühlingsmorgen besonders unangenehm in die Nase stieg, immer an Brandbomben und die durch sie ausgelöste Zerstörung erinnern wird.

Später, sehr viel später, als er schon gelernt hatte, sich seine Informationen aus Zeitungsmeldungen zu holen, erfuhr er, daß in dieser Nacht auf den Palmsonntag 234 Flugzeuge auf Lübeck geflogen waren und 304 Tonnen Sprengstoff abgeworfen hatten. Es war der Beginn der von der Royal Air Force eröffneten „Strategischen Luftoffensive", deren verheerende Wirkung durch die erstmals bei einem Flächenbombardement eingesetzten Flüssigkeits-Brandbomben erzeugt wurde. Annähernd 40 Prozent aller Lübecker Wohnungen wurden durch diese Taktik zerstört, und schon in den ersten Tagen nach dem Angriff wurde eine Opfer-Bilanz gezogen: 320 Menschen hatten ihr Leben verloren, 785 waren teilweise schwer verwundet. Vom Propagandaminister wurde nach dem Inferno in Lübeck ein Begriff geprägt, der später immer häufiger auch von der Bevölkerung genutzt wurde, ohne daß sich diese Klarheit über die eigentliche Bedeutung des Wortes verschafft hätte: Goebbels sprach von einem „Terrorangriff", und er verschwieg, daß die deutsche Luftwaffe solche Terror-Aktionen erfunden hatte.

Vier Tage nach dem Angriff auf Lübeck mußte sein Vater wieder an die Front, und seine Mutter fuhr mit ihm zurück nach Hamburg. Sie war fest davon überzeugt, das Furchtbarste, das ein Krieg den Menschen bringen konnte, in ihrer Heimatstadt erlebt zu haben …

Ihr Vorstellungsvermögen reichte bei weitem nicht aus, sie erahnen zu lassen, daß der „Kriegsgeneration" das Schrecklichste noch bevorstand.

Die Mecklenburger und das „Regenwurm-Spiel"

Im Alter von sechs Jahren hatte er in Lübeck zum ersten Mal die ganze Wucht des Krieges zu spüren bekommen. Er hatte die Stadt, in der seine Mutter, ihr Vater und dessen Mutter zur Welt gekommen waren, brennen gesehen. Er hatte die Erschütterung der Menschen erlebt, ihre Verzweiflung angesichts der in Flammen stehenden Stadt. Er hatte erlebt, wie seinem Großväter die Tränen über das

Gesicht liefen, als er mit einem weinerlichen Zittern in der Stimme sagte, in dieser Nacht sei die Kultur einer achthundertjährigen Kaufmannsstadt zerstört worden. Der Großvater betrauerte die zweitürmige St. Marien-Kirche, in der seine Familie früher einmal einen eigenen Kirchenstuhl besessen hatte, er weinte um die Petrikirche, die in Schutt und Asche gelegt worden war, und er sprach vom niedergebrannten Schabbelhaus und dem Haus der Buddenbrooks in der Mengstraße.

Dem Jungen selbst sagten diese Namen nichts. Erst sehr viel später lernte er die historischen Schätze zu bewerten. Aber er spürte nach der Angriffsnacht, ohne das indifferente Gefühl genau begründen und einordnen zu können, daß Unwiederbringliches zugrunde gegangen war, das auch ein Stück seiner eigenen kurzen Vergangenheit ausgemacht hatte, die ihm schon so unendlich lang erschien.

Was er in dieser einen Nacht hautnah erlebt hatte, war auch die entsetzliche Angst, die Eltern durchleben, wenn sie in schrecklichen Augenblicken von ihren Kindern getrennt sind, hilflos einer grausamen Ungewißheit ausgesetzt.

Einige Tage vor dem Palmsonntag, an dem Lübeck an den Rand des Untergangs getrieben wurde, war seine an schwerem Asthma leidende Großmuter gestorben. Zur Trauerfeier waren die Verwandten aus dem gesamten Reich angereist, hauptsächlich aus Bayern.

Das Haus seines Großvaters lag am Südufer der Wakenitz etwas außerhalb der Stadt. Seine Eltern – der Vater hatte für einige Tage Sonderurlaub bekommen – übernachteten im Haus eines Onkels, der nördlich des in den Ratzeburger See einmündenden Flüßchens Wakenitz wohnte.

Dann passierte das Entsetzliche, das seine Eltern – wie sie am nächsten Tag bekannten – in Panik versetzt hatte: Sie standen am Morgen nach der Angriffsnacht am Nordufer des Flusses und blickten auf das brennende Lübeck, nicht wissend, ob ihr Kind das Inferno überlebt hatte. Die über die Wakenitz führende Brücke war nicht mehr passierbar, und der Fährbetrieb war eingestellt worden. So lebten sie 24 Stunden lang in Ungewißheit, bis sich ein Nachbar mit dem Fahrrad auf den Weg zur anderen Seite machte, um die Nachricht zu überbringen, daß dem Haus, in dem die Kinder übernachtet hatten, nichts passiert war.

„Terrorangriffe“ sollten danach noch viele deutsche Großstädte an den Rand der totalen Vernichtung treiben. Die Bevölkerung litt darunter bis zur totalen Erschöpfung, aber ihr wurde durch die Propagandamaschinerie der Nazis ein Durchhaltewillen eingeimpft, der in einem tiefen Vertrauen auf den „Führer" verankert war.

Ein paar Monate zuvor hatte Hitler in seiner Neujahrsansprache die zu Ende gegangenen zwölf Monate als „das Jahr der größten Siege in der menschlichen Geschichte" bezeichnet, und er hatte mit schnarrender Stimme pathetisch verkündet: „Das Blut, das in diesem Krieg vergossen wird, soll – das ist unsere Hoffnung – in Europa für Generationen das letzte sein!"

All dies war für ihn, seine Kusinen und die anderen Kinder in der Straße ohne Bedeutung. Sie setzten ihre Spiele, mit denen sie sich die Zeit auf der Straße vertrieben, unbeirrt fort und fühlten sich allenfalls von dem beißenden Brandgeruch belästigt, der nach dem Angriff noch tagelang in der Luft hing.

Meistens vertrug er sich mit den Kindern in der Straße gut. Bis auf die beiden, die er nicht ausstehen konnte, weil sie etwas merkwürdig sprachen und auch immer Streit suchten. Seine Mutter hatte ihm gesagt, die seien mit ihren Eltern wie viele andere Lübecker auch aus Mecklenburg zugereist, und dort spreche man eben etwas anders. Er wußte nicht, wo Mecklenburg lag. Aber er wußte, daß dort keine Leute wohnten, die man sympathisch finden konnte. Sie zogen die Endsilben eines Wortes immer auffällig in die Länge, und wenn am Ende eines Wortes ein „e-r" stand, klang das bei ihnen immer wie ein A-Umlaut. Einmal, als er mit den „Meks" in Streit geraten war, hatte einer der Jungen ihm von der anderen Straßenseite herüber in seiner mecklenburgischen Sprache angedroht: „Kudi Grobeckäää, ich pedd dir gleich in die Eiäää!"

Das zu tun hatte sich der „Mek" dann aber doch nicht getraut. Irgendwie hatten sie sich in den nächsten Tagen dann auch wieder vertragen. Allerdings nicht so ganz. Denn er mußte jedesmal an die „Eiäää" denken, wenn er den Jungen begegnete. Und er beschloß, das nächste Mal, wenn sie das „Regenwurm-Spiel" spielten, so zu mogeln, daß die beiden verlieren mußten.

Dieses Regenwurm-Spiel hatte er eigentlich für seine Kusinen erfunden, weil die immer so schön heulen konnten, wenn sie eine Runde verloren.

Das Spiel ging so: Zunächst wurde in Großvaters Garten ein

Regenwurm ausgegraben. Ein möglichst fetter, dessen Schicksal in dem Augenblick seiner Kür besiegelt war. Dann ging eines der Mädchen in die Küche und holte eine Scheibe Brot. Die Kinder bildeten einen Kreis, und immer der Reihe nach mußte einer in die Mitte treten. Der Regenwurm wurde auf das Brot gelegt, dann wurde ausgelost, wer den Anfang machen mußte. Der erste biß ein Stück von der Brotscheibe ab, wobei er sich verständlicherweise bemühte, den Wurm nicht zwischen die Zähne zu bekommen. Dann reichte er die Brotscheibe weiter, und der nächste setzte unter strenger Beobachtung der anderen das Spiel fort, in der Hoffnung, daß der Wurm nicht plötzlich eine Bewegung machte, die der Spieler nicht einkalkuliert hatte. Irgendwann aber war das Brot weggegessen und die Kunst bestand darin, das Spiel so zu steuern, daß man der letzte war, der gerade noch abbeißen konnte, ohne den Wurm zu erwischen.

Die Mädchen, so hatte er in Lübeck gelernt, ekelten sich furchtbar vor dem Spiel. Und deshalb gab es oft Tränen. Warum sie trotzdem immer wieder mitspielten, gehörte zu seinen frühkindlichen Erfahrungen, die ihn irgendwie ahnen ließen, daß man Frauen einfach nicht verstehen kann …

Drei Tage nach dem Angriff auf Lübeck war sein Vater abgereist, weil er an die Front zurück mußte. Morgens hatte seine Mutter gesagt, daß sie nach Moisling fahren und die älteste Kusine mitnehmen würden.

Moisling war immer ein kleines Abenteuer. Vor allem deshalb, weil dort Tante Tina lebte, die sieben Kinder hatte. Die veranstalteten immer viel Trubel, und morgens beim Frühstück war Massenabfertigung angesagt. Er genoß das sehr, weil er in Hamburg niemals Gelegenheit hatte, zusammen mit anderen Kindern zu frühstücken.

Um mit der Straßenbahn nach Moisling fahren zu können, mußte man zunächst ein ganzes Stück laufen, über die Kanalbrücke hinweg und am Holstentor vorbei, fast bis zum Hauptbahnhof. Man hätte auch mit dem Bus fahren können, aber seine Mutter meinte, das sei zu teuer, und außerdem würde den Kindern ein bißchen Laufen ganz gut bekommen.

In Sichtweite des Bahnhofs gab es einen Platz, der „Danziger Freiheit“ hieß – ein, wie er meinte, recht unpassender Name für einen Platz. Von hier aus fuhr die Bahn nach Moisling. Wenn man Glück hatte, ergatterte man einen Platz auf der vorderen Plattform des Anhängers und konnte sich dabei der Illusion hingeben, man würde das ratternde Ungetüm selbst steuern.

In Moisling lag die Endstation der Straßenbahnlinie vor einem Schulgebäude. Schräg gegenüber wohnte „Oma Fisch". Das war die Großmutter der sieben Kinder von Tante Tina, einer Schwester seiner Mutter. Er war ziemlich froh, daß er nicht zu der Familie gehörte, jedenfalls nicht direkt. Wer mochte schon eine Großmutter haben, die „Fisch" hieß. Bis ihm die Enkel erzählten, daß „Oma Fisch" gar nicht so hieß, sondern nur so genannt wurde, weil sie ihren Lebensunterhalt damit verdiente, daß sie dreimal in der Woche mit einer Karre loszog, von der sie frische Fische verkaufte.

Die Kinder neckten die Großmutter, die das gutmütig über sich ergehen ließ, mit einem Lied, von dem sie behaupteten, es stamme aus Hamburg, und deshalb müsse er es doch eigentlich kennen:

„An de Eck von de Steenstroot,
steiht ne Olsch mit Stint.
Und se weet nich mol,
dat dat Schellfisch sind ...".

Er fühlte sich wohl in Moisling. Obwohl er sich den Dorfkindern immer überlegen fühlte und es sie auch spüren ließ. Beispielsweise, wenn er ihnen versicherte, es sei ihre Bestimmung, den Blockwagen zu ziehen, in dem er genüßlich Platz genommen hatte.

Ein bißchen war das seine Rache dafür, daß sie schon Dinge erlebt hatten, die an ihm vorübergegangen waren. Einmal, so hatten sie ihm berichtet, seien sie in das nahe gelegene Genier Gehölz gegangen, um Bucheckern zu sammeln, die man in einer eigens dafür geschaffenen Sammelstelle gegen einen Würfel Margarine eintauschen konnte. Plötzlich hatte ihnen ein auf dem Baum stehender Mann zugerufen: „Jungs, ich komme!" Dann sei er vom Baum gesprungen, und erst, als der Mann mit einem Ruck auf halber Höhe hängenblieb, hatten sie gemerkt, daß er sich einen Strick um den Hals geschlungen hatte. Ein paarmal habe der Mann noch mit den Beinen gezappelt. Dann sei er ganz bewegungslos gewesen und habe einfach nur noch zwischen Himmel und Erde gebaumelt. Der Mann, der eine graue Uniform trug, müsse wohl tot gewesen sein. Später sei dann jemand gekommen und habe die Leiche abgeschnitten und irgendwo hingebracht. Dann lachten sie laut, und er haßte sie deshalb.

Nur in einem Punkt verging ihnen regelmäßig das Lachen, denn sie nahmen die Gruselgeschichten, die man sich in Moisling erzählte, ziemlich ernst.

Zwischen der Endstation der Straßenbahn und dem Siedlungshaus der Tante lag an einer Straßenkurve ein Teich, aus dem die Feuerwehr ihr Löschwasser holte, wenn es im Dorf brannte. Zwischendurch wurden darin die Pferde gebadet, und er wunderte sich nicht nur darüber, daß die Tiere freiwillig hineingingen, sondern daß so schwere Gäule auch noch schwimmen konnten.

Ein Stückchen weiter in Richtung auf Tante Tinas Haus gab es eine riesige Koppel, die bis an die Eisenbahnstrecke Hamburg–Lübeck heranreichte. Dort konnte man im Herbst seine selbstgebauten Drachen steigen lassen. Was ihn an der Koppel störte, waren die vielen dort herumliegenden grünen und noch ganz feuchten Kuhfladen, die den barfuß laufenden Vettern zwischen den Zehen hervorquollen, wenn sie hineintraten. Er weigerte sich deshalb, seine Schuhe auszuziehen, und nahm lieber in Kauf, von seiner Mutter beschimpft zu werden, wenn er mit völlig verschmutzen Schuhen nach Hause kam.

Zwischen dem Feuerwehrteich und der Kuhweide schirmte eine etwa einhundert Meter lange rote Backsteinmauer das dahinter liegende Gelände zur Straße hin ab.

Hinter der Mauer, so wurde gemunkelt, müsse sich Schreckliches abspielen, besonders in jenen Nächten, in denen sich der Vollmond hinter dicken Wolken zu verstecken versuchte, um das gruselige Treiben der Verstorbenen dort unten nicht mit ansehen zu müssen. Was sich dort tatsächlich abspielte, wußten die Kinder nicht so genau. Aber sie wußten, daß sich hinter der Backsteinmauer ein alter Judenfriedhof befand. Und was die Juden so trieben, auch schon ohne nächtliche Wolken und Vollmond, darüber wurde ja so allerlei erzählt ... Auf den Gräbern sollten sie wilde Tänze aufführen. Und wenn sie einen Passanten, besonders Kinder, erschrecken wollten, dann schoben sie ihre furchterregenden Schädel mit den dunklen Augenhöhlen über die Mauer und warfen manchmal wohl etwas herüber. Dafür gab es sogar einen Beweis: Eines Morgens, als die Kinder auf ihrem Weg zur Schule an der Friedhofsmauer vorbeikamen, hatte dort eine schwarze Krähe mit abgespreizten Flügeln gelegen. Allen war sofort klar, daß nur die Juden so etwas in der Nacht angerichtet haben konnten. So mußte es gewesen sein; denn als die Kinder am Abend zuvor an derselben Stelle vorbeigekommen waren, hatte das Tier noch nicht dort gelegen. Also mußte die Erklärung, die sie für den mysteriösen Tod fanden, zutreffend sein.

Er verkündete lautstark, der Sache irgendwann auf den Grund gehen und sich einmal spätabends zur Friedhofsmauer zu schleichen zu wollen. Als er die Bewunderung der Dorfkinder wegen seines Mutes hinreichend ausgekostet hatte, erzählte er die Sache seiner Mutter und war froh, daß seine Spekulation aufging: Seine Mutter verbot ihm die nächtliche Erkundungsstreife auf den Friedhof und ersparte es ihm damit, „den Moislingern" beweisen zu müssen, um wie viel er mutiger war als sie alle zusammen.

Abends im Bett mußte er immer wieder daran denken und versuchte sich das Bild vorzustellen, wenn die Gesichter der Toten über die Mauer starrten. Einmal glaubte er sogar, davon geträumt zu haben, und war angsterfüllt aufgewacht. Aber er traute sich nicht, seine Mutter zu wecken, die in dem Bett an der gegenüberliegenden Wand schlief und gar nicht merkte, welche Qualen er litt. Er atmete ganz leise, damit sie nur nichts merkte.

Während er so dalag und versuchte, die Phantasiebilder vom Judenfriedhof zu verdrängen, hörte er aus der Ferne das Aufheulen der Motoren startender Flugzeuge, die in Blankensee stationiert waren. Irgendwie beruhigte ihn die Präsenz der Jagdflugzeuge, und er war fest davon überzeugt, daß sie in Zukunft verhindern würden, was er in Lübeck vor ein paar Tagen erlebt hatte.

Etwas gedämpft wurde seine Überzeugung in diesem Punkt durch die „Kofferaktion" seiner Mutter. Sie hatte einige mit Bettwäsche, Tischdecken und Kleidungsstücken vollgestopfte Reisekoffer und etliche Kartons nach Moisling in das Haus von Tante Tina gebracht und dort in den allerdings sehr muffigen Keller gestellt. Der Geruch dort unten schien sie nicht zu stören. Zwar handelte es sich bei der Wäsche um einen Teil ihrer „Aussteuer", wie sie stolz betonte, aber sie war überzeugt, den spakigen Geruch schon irgendwie wieder herauszubekommen.

Ihre Begründung, warum die Sachen „ausgelagert" wurden, war einleuchtend: In dem dichtbesiedelten Hamburger Stadtteil, in dem sie wohnten, sei die Wahrscheinlichkeit, ausgebombt zu werden, um ein Vielfaches größer als auf dem Land vor den Toren Lübecks.

Sie hatte deshalb auch noch etliche Bücher – darunter einen großformatigen Atlas, der des Vaters ganzer Stolz war – obendrauf gelegt, und sie freute sich, die ihrem Sohn zugedachten Schätze durch ihre Klugheit gerettet zu haben.

Die Rechnung ging aber nur zur Hälfte auf: Das viergeschossige Wohnhaus in Eimsbüttel wurde zwar von einer Brandbombe getroffen, die aber durch das beherzte Eingreifen einiger Männer gelöscht werden konnte.

Das Haus von Tante Tina wurde nicht getroffen, und die muffige Aussteuer seiner Mutter hätte noch in den Jahren des Nachkriegsmangels gute Dienste leisten können, wenn sie nicht unmittelbar nach dem Krieg ein anderes Schicksal ereilt hätte. Anfang Mai 1945 marschierten die britischen Truppen auch in Moisling ein. Die Besatzungsmacht sondierte zunächst das nähere Umfeld von Moisling und entdeckte ganz in der Nähe ein Gefangenenlager, in dem überwiegend Polen und Russen untergebracht waren. Niemand wußte zu sagen, ob es eine entsprechende Anweisung aus dem britischen Hauptquartier gegeben hatte oder ob den Engländern die ausgemergelten und hungrigen armen Teufel in den Baracken einfach leid taten und sie deshalb ein Auge zudrückten und ohne höheren Befehl handelten. Jedenfalls gaben sie den befreiten Lagerinsassen zwei Tage lang Plünderungserlaubnis. Wer wollte es denen verdenken, daß sie kräftig zulangten und alles mitnahmen, was nicht niet- und nagelfest war. Gutverpackte Beute war ihnen besonders lieb; denn sie brauchten sie ja nur auf den ebenfalls konfiszierten Blockwagen zu laden und abzutransportieren.

Bis dahin aber sollten noch drei Jahre ins Land gehen, in denen der Krieg immer brutaler und grausamer wurde, Jahre, in denen alle Moislinger Verluste nicht ins Gewicht fielen.

Eine Woche nach dem schweren Angriff auf Lübeck fuhr seine Mutter mit ihm zurück nach Hamburg. Beim Abschied verabredeten sie, daß im nächsten Jahr Christa als das älteste Mädchen in den Ferien für zwei Wochen nach Hamburg kommen sollte.

Er freute sich darauf, ihr dann zeigen zu können, wie aufregend seine Stadt im Vergleich zu ihrem langweiligen Dorf war.

„... sogar Adolf Hitler mit seiner Partei!“

Die Verabredung, die in Lübeck getroffen worden war, hatte er längst vergessen. Eines Tages in den Schulferien stand Christa vor der Tür. Ein Freund ihres Vaters hatte sie mit einem Auto nach Hamburg gebracht.

Christas Vater, der als Oberhaupt einer neunköpfigen Familie vom Militärdienst freigestellt war, hatte nicht kommen können, weil er bei der freiwilligen Feuerwehr Bereitschaftsdienst hatte.

Zwei Wochen wollte Christa bleiben, so hatten es die beiden Mütter, die Schwestern waren, abgesprochen. Sie war ein paar Jahre älter als er. Wie viele genau, wußte er nicht. Aber es waren für ihn genug, um Christa als gleichwertige Spiel-Partnerin zu disqualifizieren. Er befand, daß die große Kusine uninteressant war, weil sie sich für nichts interessierte, was ihn bewegte.

Zweimal hatten sie zusammen etwas unternommen: Einmal waren sie bei Hagenbeck gewesen. Da hatten sie sich gestritten, weil Christa stundenlang bei den Flamingos stehenbleiben wollte, während er es vorzog, die Schimpansen zu beobachten, und allenfalls zu einem Kompromiß bei den Elefanten bereit gewesen wäre.

Die Affen hatten deshalb seine ganze Zuneigung, weil er glaubte, im Käfig irgendwie alle Leute wiederzutreffen, denen er irgendwo schon mal begegnet war. Nicht, daß sie denen ähnlich gesehen hätten, aber ihr Verhalten ähnelte dem von Menschen, die er kannte. Da war der alle anderen immerzu nervende Onkel Robert, der die Gruppe aufzuwirbeln versuchte und die etwas langsamen Schimpansen auf Trab brachte.

Da war auch die Tante Paula, die sich immer sehr behäbig bewegte und lange brauchte, bis sie von einem Ende des Käfigs zum anderen gekommen war. Oder der hinterhältige Onkel Hans, der die anderen pisackte und ihnen am Fell zupfte, daß sie kreischend wegliefen. Oder der langweilige Onkel Adsche, der nicht so recht in Schwung kam, und seine Frau, die Tante Mia mit dem tiefschwarzgefärbten Haar, die nie so richtig zu verstehen schien, worum es eigentlich ging.

Jedenfalls war er der Ansicht, daß Hagenbecks Affenkäfig so richtig was fürs Leben war, und deshalb liebte er es, die Tiere zu beobachten und ihnen in Gedanken einen Namen zu geben.

Das zweite, was Christa und er gemeinsam unternommen hatten, war ein Kinobesuch im gegenüberliegenden „Astra-Theater". Dort gab es einen Film mit dem für ihn unverständlichen Titel „Fridericus Rex".

Christa war an die Kasse gegangen und hatte die Karten gekauft. Als sie dann in den Kinosaal hineinwollten, in den man sich durch einen zweigeteilten dicken roten Vorhang zwängen mußte, der an einer halbrunden Messingstange aufgehängt war, stand da ein Mann, der eine goldbetreßte Uniform trug wie ein Zirkusdirektor. Als er die Kusine und ihn herankommen sah, legte er den Arm vor den Eingang und fragte streng: „Wie alt?"

Christa sah ihn mit festem Blick an und sagte: „Mein Bruder ist zehn!"

Das hätte sie nicht sagen sollen, denn der Zirkus-Wachhund kannte ihn. Es ging ein breites Grinsen über sein Gesicht, und er sagte: „Frollein, eine Lüge hätte gereicht. Den kenne ich, der hat gar keine Schwester!"

Dann riß er seinen Arm, der den Weg ins Innere des Kinos versperrte, mit einem Ruck beiseite und bedeutete den beiden mit einer Kopfbewegung, daß sie hineingehen sollten.

Im Film war reichlich Pulverdampf zu sehen und viele Soldaten, die mit ihren Schießgewehren herumfuchtelten, und viele, die verwundet wurden oder starben.

Aber außer der Erkenntnis, daß die Uniformen früher viel schöner waren als heute, hatte er von dem Film nicht viel mitgenommen. Im übrigen kam ihm das Ganze vor wie ein Märchenfilm, in dem man ja auch Grausamkeiten zu sehen bekam, und die vor dem Hauptfilm gezeigte „Wochenschau" gefiel ihm besser. Besonders die Musik, die immer am Anfang zu hören war.

Für den nächsten Tag hatten er und Christa verabredet, in den Hafen zu fahren, dorthin, wo die Hochbahn über eine Brücke fuhr, von der aus man ganz weit gucken und die unten fahrenden Schiffe beobachten konnte.

Der nächste Tag war der heißeste Sommertag, den er je erlebt hatte. Die Leute stöhnten und hatten Schweißperlen auf der Stirn und rochen unangenehm, die Luft flimmerte, man hatte das Gefühl, sie durchschneiden zu müssen, um sich von der Stelle zu bewegen. Aber dazu hatte man eigentlich gar keine Lust. Vielleicht waren sie deshalb gar nicht in den Hafen gegangen, und die Mutter hatte es ihnen ohnehin verboten. Sie hatte etwas dagegen, daß sich die Kinder allzu weit von der Wohnung zu entfernten; denn seine Mutter wollte die Kinder in ihrer Nähe haben, wenn die Sirenen heulten und ankündigten, daß wieder „feindliche Flugzeuge" Kurs auf Hamburg genommen hatten.

Das war in den letzten Wochen auch tagsüber häufig der Fall gewesen. Aber es hatte meistens bald wieder „Entwarnung" gegeben, und er konnte beim besten Willen nicht verstehen, warum er dem Alarm soviel Bedeutung beimessen sollte. Die „Tommies" kamen ja doch nicht. Das sagten auch einige Erwachsene. Die dicke Frau Schmidt, die eine Etage unter ihnen wohnte, behauptete sogar, die Engländer würden sich gar nicht mehr trauen, sich über Hamburg blicken zu lassen. Dafür seien unsere Flak und die Abfangjäger viel zu gut! Der dicke Herrman Göring, der mindestens eben so dick war wie sie selbst, hätte das gesagt.

Aber Verbot war Verbot!

So beschlossen sie einen Besuch bei der Nachbarin und ihrer Tochter Lilo, die er „Tante" nennen durfte. Darauf war er mächtig stolz; denn Lilo war ein „Blitzmädchen" und trug eine eindrucksvolle Uniform und eine Schiffchenmütze, die er ab und zu aufsetzen durfte und dann bei einem Blick in den Spiegel zu dem Schluß kam, daß sie ihn gut kleidete.

Die Frauen besaßen etwas, das ihn faszinierte und das zu besitzen einer seiner Wunschträume war: Im Wohnzimmer hing eine Hakenkreuzfahne, die eine ganze Wand einnahm. Das war für sich gesehen schon eindrucksvoll. Aber diese Fahne war über und über mit den Anstecknadeln und Anhängern bedeckt, die von der „Winterhilfe" bei ihren Sammlungen ausgegeben wurden: Märchenfiguren und deutsche Sehenswürdigkeiten, die in eine glasähnliche Masse gepreßt waren, kleine Bücher mit Geschichten aus dem Leben des „Führers" und Volkssagen, aus Plastik geformte Gestalten aus der deutschen Heldengeschichte, Auto- und Panzer-Modelle, Kanonen, Flugzeugtypen und selbstleuchtende Insekten aus deutschen Wäldern. Staunend hatte er immer wieder vor der Sammlung gestanden, und dann hatte die Nachbarin zu ihm gesagt, vielleicht würde er das alles eines Tages einmal bekommen. Aber natürlich erst nach dem „Endsieg", den uns Adolf Hitler mit Sicherheit bescheren werde.

Er selbst hatte auch eifrig Winterhilfswerk-Figuren gesammelt.

Aber er besaß bei weitem nicht alle; denn seine Mutter weigerte sich, alle Figuren einer Serie zu kaufen, weil sie nicht soviel ausgeben könne.

Den ganzen Nachmittag hatten sie dabei zugebracht, sich die an der großen Fahne dicht bei dicht befestigten „Schätze nationalsozialistischer Solidaritätsbekundungen" – wie das die Nachbarin mit freudigem Glanz in den Augen nannte, was er aber nicht verstand – Stück für Stück ganz genau anzusehen.

Erst zum Abendbrot waren sie wieder in die eigene Wohnung zurückgegangen. Gleich nach dem Essen hatte sie seine Mutter ins Bett geschickt, mit der Begründung, sie hätten wegen der nächtlichen Störungen durch Fliegeralarm in den letzten Wochen viel zuwenig Schlaf gehabt und müßten deshalb einiges nachholen.

Auch in dieser Nacht heulten die Sirenen, und auch dieses Mal lief zunächst alles nach dem eingefahrenen Muster: Die Kinder wachrütteln, ihnen beim Anziehen helfen und sie dabei zur Eile mahnen, die beiden Koffer bereitstellen, die unbedingt mit in den Luftschutzkeller geschleppt werden mußten.

Danach versammelten sich alle um den Küchentisch, wo jeder seinen Platz hatte. Die Mutter deckte den Milchglasschirm der über dem Tisch hängenden höhenverstellbaren Lampe, die sie ganz weit nach unten zog, mit einem dunklen Tuch ab und kontrollierte noch einmal, ob auch die Verdunkelungsvorhänge an den Rändern keinen Lichtschein nach draußen fallen ließen. Kurz darauf klingelte es an der Haustür. Tante Gunda, die in einer nahe gelegenen Schlachterei arbeitete und im Haus zur Untermiete wohnte, kam herüber und brachte ein kleines Wurstpaket mit. Das machte sie immer bei „Voralarm". Man wartete dann gemeinsam, hörte im Radio die Luftlagemeldungen und eilte schließlich gemeinsam, sobald die Sirenen zum „Vollalarm" heulten, in den Bunker. Von der Wohnung aus konnte man in wenigen Minuten den Luftschutzkeller erreichen, der hinter den Häusern neben einer Tischlerwerkstatt und einer Fabrik lag, in der Bakelitteile hergestellt wurden.

In dieser Nacht war die Zeitspanne zwischen den beiden Warnsignalen etwas länger als bei den vorangegangenen Angriffen, und eigentlich rechneten alle damit, daß die feindlichen Angriffsverbände – wie in den Wochen zuvor – wieder abdrehen und kein nennenswertes Unheil anrichten würden.

Tante Gunda hielt ihre Arme auf dem Küchentisch verschränkt und hatte ihren Kopf darauf gelegt. Sie wolle vor der Entwarnung noch ein bißchen schlafen, hatte sie gesagt. Gleich würden sie ja ohnehin wieder ins Bett gehen.

Aber es kam ganz anders in dieser Nacht.

Die friedliche Familienidylle in der Küche verwandelte sich ohne Vorankündigung in ein Schreckensszenario. Gerade noch hatten die nachts immer hellwachen Kinder darüber gestritten, mit welchen Spielen sie sich die Zeit vertreiben wollten. Er hatte Quartett vorgeschlagen, aber Christa hatte dazu keine Lust, weil darauf nur Kampfflugzeuge abgebildet waren, die sie nicht interessierten. Die beiden hatten sich deshalb auf „Mikado" geeinigt.

Plötzlich, wie aus heiterem Himmel, brach ein Höllenlärm los. Mehrere kurz aufeinanderfolgende Detonationen erschütterten die bis dahin herrschende, fast ein wenig bedrohlich wirkende Ruhe. Die von den Explosionen ausgehenden Druckwellen spürte man bis in die Wohnung. Eine Fensterscheibe zerbarst, und das Glas fiel klirrend auf den Holzfußboden. Das Haus schwankte wie ein Schiff, so jedenfalls fühlte es sich an, und die Mikadostäbe auf dem Küchentisch rollten durcheinander.

Das Licht flackerte ein paarmal, ging dann aus, und seine Mutter zündete schnell eine Petroleumlampe an, die immer bereitstand. Tante Gunda, die aus ihrer Ruhestellung aufgesprungen war, lief ans Küchenfenster und zog den wolldeckenähnlichen Verdunkelungsvorhang zur Seite. „Überall Tannenbäume, ein furchtbares Feuerwerk!" rief sie. „Und das Haus gegenüber brennt!"

„Tannenbäume" – das waren die Leuchtkugeln, die von den Leitflugzeugen der Royal Air Force gesetzt wurden, um die Abwurfpositionen für die Bomberpiloten zu markieren.

Er lief ebenfalls ans Fenster, um sich das Schauspiel anzusehen, aber seine Mutter riß ihn zurück und schubste ihn zur Wohnungstür und ins Treppenhaus, wo Tante Gunda und Christa schon auf dem oberen Treppenabsatz standen.

„Lauft schon los!" rief sie ihnen zu. „Wir treffen uns im Bunker, nehmt den zweiten Eingang." Dann rannte sie noch die paar Schritte zur Küche zurück, löschte die Flamme der Petroleumlampe aus und riß ihren Jungen an sich, so als wollte sie ihn vor alldem, was sie jetzt erwartete, zu schützen versuchen.

Sie wohnten in der dritten Etage, und es erschien ihnen wie eine Ewigkeit, bis sie außer Atem unten angekommen waren.

Sie waren die letzten der Hausbewohner, die unten ankamen. Andere standen schon in der Eingangshalle. Auch der Luftschutzwart des Hauses war dabei und versuchte, die verängstigten Menschen – überwiegend ältere Leute und einige Frauen mit Kindern – so gut es ging zu beruhigen.

Durch die geöffnete Haustür konnte er sehen, was sich auf der Straße abspielte. Einige Menschen rannten verwirrt und scheinbar ziellos von der einen auf die andere Straßenseite. Sie riefen sich irgend etwas zu, das er nicht verstehen konnte, weil nicht nur die Bombeneinschläge in der unmittelbaren Nachbarschaft, sondern auch das unheimlich anschwellende Pfeifen der Bomben vor ihrem Einschlag alles übertönte.

In den Fenstern der gegenüberliegenden Häuser spiegelte sich ein flackernder Feuerschein, so daß die Leute unten im Haus dachten, ihr eigenes Haus stehe in Flammen. Tatsächlich, so versuchte sie der Luftschutzwart zu beruhigen, waren das die jenseits des Hinterhofs liegenden brennenden Häuser, deren Dachstühle schon durch einen der ersten Bombenabwürfe in Brand geraten waren.

Merkwürdigerweise empfand er in diesem Augenblick keine Angst. Er sah sich das Spektakel an wie ein Riesenfeuerwerk: Am Himmel standen die Leuchtkugeln, dazwischen explodierten die Geschosse der deutschen Flugabwehr, die von der Flak in der Hoffnung auf Zufallstreffer scheinbar ziellos in die Luft geschossen wurden. Über alles legten sich die starken Lichtkegel der Suchscheinwerfer, die mit geradezu majestätischer Ruhe den Himmel ableuchteten. Wenn sie Glück hatten, geriet ein feindliches Flugzeug in den Schnittpunkt zweiter Lichtkegel und ließen ihm keine Chance, daraus zu entkommen. An den sich den Flugzeugen annähernden Explosionsspuren der Flakgeschosse konnte man beobachten, wie die Piloten in die Enge getrieben wurden. Es war dann meistens nur noch eine Frage der Zeit, bis deutlich ein Treffer zu erkennen war und die Maschine eine Qualmspur hinter sich herziehend abstürzte. Obwohl das in dieser Nacht eher die Ausnahme war.

Er machte sich kaum Gedanken darüber, daß darin Menschen saßen, und war der Meinung, daß es den „Tommies“ recht geschah.

Ein ohrenbetäubender Lärm aus herunterfallenden Metallteilen und zerberstendem Glas schreckte die im Hauseingang auf einen günstigen Augenblick zum Verlassen des Hauses Wartenden auf. Das große Glasdach, das den Lichtschacht des Treppenhauses überdeckte, war getroffen worden und stürzte herab.

Der Luftschutzwart hielt es für höchste Zeit, die verängstigt wartenden Leute in den Bunker zu schicken. „Immer zu zweit!" rief er und gab den beiden ganz vorne stehenden, einem alten Ehepaar, dessen Sohn vor einiger Zeit gefallen war, einen Klaps. „Viel Glück und los!" sagte er noch; dann rannten die beiden um ihr Leben. Der Mann immer einige Schritte hinter seiner Frau, um sie nicht aus den Augen zu verlieren.

Endlich waren seine Mutter und er an der Reihe. Der Luftschutzwart entschied, die beiden sollten zuerst laufen und Tante Gunda mit Christa ihnen kurz darauf folgen.

Für einen Augenblick schien sich die Lage beruhigt zu haben; das Artilleriefeuer war abgeebbt, und das bedrohliche Heulen fallender Bomben mit den anschließenden Detonationen und dem Aufblitzen hochgehender Sprengladungen, das die Straße in taghellem Licht erscheinen ließ, hatte sich abgeschwächt. Der Luftschutzwart hielt das für eine günstige Gelegenheit. Er gab ihm und seiner Mutter das Zeichen, es jetzt versuchen zu sollen, nachdem er empfohlen hatte, die Koffer im Treppenhaus stehenzulassen und sich auf dem Weg zum Bunker immer dicht an der Hauswand zu halten, weil da die Gefahr am geringsten sei, von Splittern getroffen zu werden.

Die beiden rannten los. Ein paar Schritte an der Hausfassade entlang, wo der „Grünhöker" seinen Laden hatte, dann bogen sie nach rechts ein und liefen durch den schmalen Gang zwischen den beiden Häusern geradeaus, bis sie den in die Erde hineingebauten Bunker erreicht hatten. Am ersten Eingang war die schwere Stahltür verschlossen, und da seine Mutter davon ausging, die Verschlußknebel nicht hochdrücken zu können, lief sie weiter, um den weiter hinten liegenden Eingang, von dem der Luftschutzwart gesagt hatte, er sei offen, so schnell wie möglich zu erreichen. Sie hielten sich beide ganz fest an den Händen, und seine Mutter trieb ihn an, noch schneller zu laufen.

Zum hinteren Eingang waren es ungefähr noch achtzig Schritte. Als sie etwas mehr als die Hälfte der Strecke zurückgelegt hatten, schlug kurz hinter ihnen eine Bombe ein. Es muß ganz dicht hinter ihnen gewesen sein; denn Sekundenbruchteile nach dem ohrenbetäubenden Knall spürte er im Rücken eine Druckwelle, die ihn nach vorn stieß und ihn fürchten ließ, daß seine Mutter stürzen könnte. Er hielt ihre Hand noch fester und vermochte hinterher nicht zu sagen, ob es aus Sorge um sie war, oder ob er glaubte, auf diese Weise Schutz bei ihr zu finden.

Mit letzter Kraft taumelten sie die Betontreppe herunter, wo sie an der Stahltür zwei uniformierte Männer auffingen und sie durch die Gasschleuse hindurch in den noch einmal von der Außenwelt abgeschirmten Bunkerraum führten. Dort angekommen, begann seine Mutter zu schreien. Er verstand gar nicht, warum sie sich so aufführte; sie waren doch in Sicherheit, das war doch eher ein Grund zur Freude. Und dann, ganz plötzlich, war ihm klar, was sie bewegte: Tante Gunda und Christa waren doch direkt hinter ihnen gewesen; es konnte keinen Zweifel geben: Die beiden mußten von der Bombe getroffen worden sein ...

Jetzt fing auch er zu weinen an, und er wunderte sich darüber, wie gleichgültig und teilnahmslos die Menschen, die schon vor ihnen im Bunker angekommen waren und auf den Holzbänken saßen, die Verzweiflung seiner Mutter zur Kenntnis nahmen. Sie schienen ihm seltsam abgestumpft zu sein, blickten aus müden Augen und schwiegen.

Er konnte sich schon am nächsten Tag nicht mehr daran erinnern, wie lange dieser spannungsvolle Zustand zwischen Hysterie und Ungewißheit gedauert hatte, dieses Schweben zwischen Trauer und Hoffnung, dieses angstvolle Angekettetsein an ein Schicksal zwischen Leben und Tod, ein Schicksal, gegen das aufzubegehren alle menschlichen Kräfte überstieg.

Erst am frühen Morgen legte sich die ungeheuere Spannung. Helfer öffneten die Stahltüren des Bunkers und sagten, daß alles vorbei sei. Da die Alarmsirenen nicht überall funktionierten, könne nicht flächendeckend „Entwarnung" gegeben werden. Aber sie hätten aus dem Kommandobunker an der Rothenbaumchaussee Weisung bekommen, die Menschen jetzt aus den Bunkern herauszuführen.

Und dann geschah das Unglaubliche: Plötzlich standen Tante Gunda und Christa verweint und übermüdet vor ihm und seiner Mutter. Man fiel sich in die Arme, und erzählte, was sich ereignet hatte:

Die beiden waren im Begriff des Losrennens gewesen, da hatte sie der Luftschutzwart zurückgerissen, weil er irgendwie gespürt und an den Geräuschen gemerkt hatte, daß eine Bombe ganz in der Nähe vom Himmel sauste. Tatsächlich war die dann auch neben dem Bunker zwischen den beiden Eingängen eingeschlagen. Wie seine Mutter vermutet hatte, daß die beiden Hinterherlaufenden getroffen waren, so hatten die ihrerseits angenommen, die vor ihnen Gestarteten seien unter der Bombe begraben worden. Als sie dann selbst etwas später gelaufen waren, erreichten sie nur noch den ersten Eingang, an dem inzwischen ein Helfer stand, der die Tür öffnete.

Dadurch waren beide an entgegengesetzten Seiten des Luftschutzbunkers angekommen.

Erst viele Stunden später, als das verzweigte unterirdische Röhrensystem geräumt worden war, trafen sie sich wieder und fielen sich erleichtert und tränenreich in die Arme.

Das Haus, in dem sie wohnten, war nur leicht beschädigt worden, während das Nachbarhaus lichterloh brannte und sich das Feuer schon vom Dachstuhl in die dritte Etage durchgefressen hatte.

In der Wohnung war vieles durcheinandergeraten: Die meisten Fensterscheiben waren zerbrochen und lagen auf dem Fußboden, Gardinen hingen zerrissen an den Stangen, auf dem Boden war teilweise Schutt verstreut, von dem niemand wußte, wie er dorthin gekommen war. Im Flur stand Wasser, das aus einem Löscheimer verschüttet worden war. Und in der ganzen Wohnung hatte sich ein Brandgeruch verbreitet, wie er ihn noch aus dem brennenden Lübeck in der Nase hatte.

„Das Oberkommando der Wehrmacht gibt bekannt", sagte der Sprecher am nächsten Tag im Radio, „Angriffe der alliierten Luftwaffe auf Hamburg führten zu schweren Verlusten unter der Bevölkerung und starken Zerstörungen an Wohnvierteln, Kulturstätten und öffentlichen Gebäuden." Kaum hatte der Mann das ausgesprochen, da fuhren Lautsprecherwagen durch die Stadt und gaben erneut Fliegeralarm. Die Leute erzählten sich, es handele sich um amerikanische „B17"-Bomber, die vermutlich die Löscharbeiten in Hamburg behindern wollten.

Als der Angriff beendet war, stand plötzlich Christas Vater vor der Wohnungstür, der mit einem Löschwagen der Lübecker Feuerwehr nach Hamburg abkommandiert worden war, um hier den völlig überforderten Einsatzkräften zu helfen. Erleichtert nahm er seine Tochter mit, und sie durfte abends im Feuerwehrauto mit nach Hause fahren. Er beneidete sie darum, aber im Grunde war er erleichtert, so gut davongekommen zu sein bei dem, was die Leute später den „Feuersturm" nannten und was noch viel später als „Operation Gomorrha" in die Geschichtsbücher einging.

Als schrecklich empfand er, was sich die Erwachsenen in den folgenden Wochen erzählten. In einem Stadtteil weit weg von Eimsbüttel seien die Menschen zusammen mit entwurzelten Bäumen und abgedeckten Dächern förmlich in das Zentrum eines Fächenbrandes gewissermaßen hineingesogen worden und jämmerlich verbrannt. Andere seien bei ihren Fluchtversuchen in den geschmolzenen Asphaltstraßen steckengeblieben und hätten sich aus dieser Lage nicht mehr befreien können. Und dann hieß es noch, viele Menschen seien einfach erstickt, weil das Feuer ihnen den zum Atmen nötigen Sauerstoff weggenommen habe.

In seiner kindlichen Phantasie entstanden bei solchen Berichten die furchtbarsten Bilder, aber später, sehr viel später, begriff er, daß seine Phantasien nicht ausgereicht hatten, um auch nur annähernd realistisch zu erfassen, was sich in Hamburg abgespielt hatte und wie verwundet die Stadt war, die er schon in jungen Jahren als „seine" Stadt empfunden hatte.

Noch tagelang nach den schweren Angriffen schwelten Brände, die Eisenträger verbogen und Holzbalken verkohlten. Es war den Kindern deshalb streng verboten worden, in den Trümmern zu spielen. Aber wahrscheinlich hätten sie sich ohnehin nicht hineingetraut; denn die Steine waren teilweise noch unerträglich heiß.

Am Anfang der Müggenkampstraße brannte noch eine Woche später das Unterschoß eines Hauses, in dem Spirituosen der Weinkellerei „Frascati" lagerten. Zwar bemühten sich Löschmannschaften, das Feuer unter Kontrolle zu bekommen, aber von Zeit zu Zeit explodierte eines der Fässer und schickte wie ein Flammenwerfer eine Feuersäule quer über die Straße, so daß sich die Polizei in der Pflicht sah, die Umgebung abzusperren.

Sehr beeindruckt hatten ihn Berichte über die Schäden in Hagenbecks Tierpark; denn sogar dort waren etliche Bomben gefallen und hatten Gehege und Käfige zerstört. Die Geier, so wollten einige Leute gesehen haben, seien bedrohlich über Stellingen gekreist.

Noch beunruhigender war, was über Großwild berichtet wurde, das durch die Bomben verängstigt worden war und aggressiv reagiert hatte. Ein Büffel war ausgebrochen und in der Nähe des Stellinger Wasserturms umhergeirrt. Dort hatte das Tier eine Frau angefallen und totgetrampelt.

Merkwürdigerweise bewegte ihn das Schicksal dieser Frau mehr als der Tod der vielen tausend Menschen, die in der Nacht des Feuersturms auf grausame Weise ums Leben gekommen waren. Natürlich unterhielten sich die Jungen darüber, wenn sie sich auf der Straße trafen, und schmückten das eine oder andere der Ereignisse noch etwas aus.

Und sie sangen nach der Melodie eines bekannten, im Radio viel gespielten Schlagers ein Lied, das in diesen Wochen die Runde machte:

„Es geht alles vorüber, es geht alles vorbei.
Sogar Adolf Hitler mit seiner Partei!“

Als er zu Hause – stolz auf die Bereicherung seines Repertoires – seiner Mutter das Lied vorsang, wurde sie ziemlich böse und forderte ihn auf, „so etwas nie wieder zu singen“. Man könne dafür verhaftet und eingesperrt werden.

Er wußte nicht warum. Aber er glaubte seiner Mutter. Und ins Gefängnis zu gehen – das war das letzte, was er wollte!

„Onkel Baldrian“ im „Drahtfunk“

Die Zeiten waren schlecht. Aber, so meinte er, nicht so schlecht, wie es die Erwachsenen immer behaupteten, wenn sie zusammensaßen und schimpften. Was war denn schlecht? Er jedenfalls fand den Krieg keineswegs unerträglich, eher schon abenteuerlich.

Gut, da waren die nächtlichen Angriffe, die ihn nicht durchschlafen ließen. Aber das war fast so etwas wie ein vertrautes Ritual: Die pilzförmigen Sirenen auf den Dächern einiger Wohnhäuser – er fand es ungerecht, daß ausgerechnet sein Haus keine hatte – gaben meistens den „Voralarm“. Das waren drei lange Töne, die zweimal durch Abschwellen des durchdringenden Tons unterbrochen wurden. Die Mutter weckte ihn, weil er einen ziemlich festen Schlaf hatte und nichts mitbekam. Er zog sich an, ein bißchen widerwillig zwar, aber doch schnell genug. Dann setzten sie sich in die Küche, und die Freunde aus der Nachbarwohnung kamen mit ihrer Mutter herüber, setzten sich dazu und warteten auf den „Vollalarm", ein in dichter Folge auf und ab heulendes, bedrohlich klingendes Signal, das manchmal schnell auf den Voralarm folgte, manchmal auf sich warten ließ und sehr selten auch durch die „Entwarnung" wieder aufgehoben wurde.

Wenn Vollalarm gegeben wurde, waren die Kinder auf dem Stuhl sitzend meistens schon wieder eingeschlafen und hatten ihren Kopf auf den Küchentisch gelegt.

Für die Erwachsenen gab es in der Zeit zwischen den beiden Alarmstufen einige Dinge zu tun, die wie fast alles in dieser Zeit stets nach einem festen Muster abliefen: Zunächst wurde überprüft, ob die „Verdunkelung" perfekt eingerichtet war und nicht ein sei es auch noch so kleiner Spalt zwischen den aufgehängten Wolldecken und den Fensterrahmen einen kleinen Lichtstrahl in die Nacht hinausließ. Dann konnte es nämlich passieren, daß der Luftschutzwart aus dem Hof heraufrief, man solle gefälligst seiner Pflicht nachkommen!

Als zweites mußte überprüft werden, ob der Eimer mit dem Löschwasser auch voll genug war, der vor der Wohnngstür stehen mußte und der mit Sicherheit verhinderte – dessen war er sich ganz sicher –, daß das Haus jemals abbrennen konnte.

Schließlich wurde auch die dicke dunkelbraune Papiertüte mit dem Löschsand bereitgestellt, für den Fall, daß eine Brandbombe einschlug. Einmal war das schon passiert. Nicht durch das Dach war sie gefallen, sondern in die Wohnung von Frau Harleb in der zweiten Etage. Der Luftschutzwart erklärte, die Bombe müsse nicht senkrecht, sondern schräg heruntergekommen und so durch das Küchenfenster geflogen sein. Und man könne von Glück sagen, daß der Löschsand vorschriftsmäßig vor der Wohnungstür gestanden habe. Auf diese Weise sei es möglich gewesen, die Flammen zu ersticken.

Während alle diese Notwendigkeiten erledigt wurden und die Mutter auch die Koffer vor die Tür gestellt hatte, die mit in den Keller genommen werden sollten, lief im Radio der „Drahtfunk", auf dem ein Mann mit einer angenehm tiefen Stimme, den die Erwachsenen wegen seiner ruhigen Sprechweise „Onkel Baldrian" nannten, „Luftlagemeldungen" verbreitete.

Die Kinder, nicht nur er, sondern auch die aus den Nachbarfamilien, waren alt genug, die Botschaften aus dem Radio zu verstehen. „Starke Bomberverbände aus nordwestlicher Richtung im Anflug auf Hamburg; gegenwärtiger Standort Husum" oder „feindliche Verbände im Großraum Bremen nehmen Kurs auf Hamburg" – das waren Meldungen, wie sie fast jeden Tag aus dem Radio kamen.

Seine Mutter hatte eine Beilage aus der Zeitung an den Küchenschrank geheftet, in deren Mitte die Umrisse Hamburgs zu sehen waren und mehrere Kreise drum herum anzeigten, wie lange es noch dauern würde, bis die Bombenflugzeuge die Stadt erreichten. Aber, so hatte ihnen der Luftschutzwart erklärt, der sich reichlich wichtig vorkam, unbedingt verlassen könne man sich darauf nicht. So gingen sie oft schon in den neben dem Haus liegenden unterirdischen Bunker, bevor die Sirenen ihren Hauptalarm heulten.

Die Kinder mußten dann meistens erneut wach gerüttelt werden. Das war zwar lästig, aber er fand nicht, daß die Zeiten deshalb so schlecht waren, wie es die Großen immer behaupteten.

Ein Stahlhelm für Karl-Heinz

Einmal allerdings hatte der Krieg auch ihm ein Opfer abverlangt und ihn gezwungen, sich von seinem Stahlhelm zu trennen, den ihm sein Vater anläßlich eines Urlaubs mal mitgebracht hatte, und den er seitdem hütete wie nichts sonst aus seiner „Kriegskiste". Das war, als Karl-Heinz, der mit seiner Familie in der Dachwohnung neben den Bodenräumen wohnte, an die Front eingezogen wurde. Karl-Heinz war sehr viel älter als er, mindestens sechzehn. Er hatte Karl-Heinz immer beneidet, weil der nach Angriffen schon mit den Männern durch die Dachluke nach oben klettern durfte, um zu beobachten, welche Häuser rundherum brannten. Jetzt also durfte Karl-Heinz sogar richtig in den Krieg ziehen und sich als Flakhelfer nützlich machen. Leider aber, so hieß es, besitze Karl-Heinz keinen Stahlhelm, und die jungen Helfer würden wohl auch keinen bekommen, weil die Helme knapp seien. Und deshalb müsse er das so sorgfältig gehütete Utensil seiner kindlichen Heldenphantasien jetzt hergeben. Er sei ja ein verständiger und vernünftiger deutscher Junge. Und im übrigen sei ja Karl-Heinz sein Freund.

Das stimmte nun aber ganz und gar nicht! Sie hatten niemals zusammen gespielt, weil Karl-Heinz gar keine Lust verspürt hatte, sich mit den „Kleinen“ abzugeben. In der Hoffnung, die Aufmerksamkeit von Karl-Heinz zu gewinnen und sich vielleicht ein bißchen Sympathie erkaufen zu können, entschloß er sich zu einer „deutschen“ Tat und stieg höchstpersönlich zur Dachetage hoch, um den Stahlhelm abzuliefern.

Karl-Heinz aber schien merkwürdig abwesend zu sein und sich gar nicht so recht zu freuen, daß er jetzt dazu beitragen konnte, ein paar englische Flugzeuge mit bösartigen „Tommies“ darin abzuschießen.

Ein paar Wochen, nachdem er seinen Stahlhelm abgeliefert hatte, stand Frau Zimmek nachmittags weinend vor der Wohnungstür. Auch seiner Mutter liefen die Tränen über das Gesicht. Und dann erzählten sie ihm, daß Karl-Heinz gefallen sei.

Der Stahlhelm, so dachte er traurig, hatte also nichts genützt.

Sirup kochen bei „Adele“

Was er wirklich als einen herben kriegsbedingten Verlust empfand, war der Verzicht auf „Schnopkram“, wie seine Mutter die Süßigkeiten nannte. Aber sie war bemüht, den Mangel irgendwie auszugleichen. Eines Morgens sagte sie: „Heute fahren wir ins Quellental, um Sirup zu kochen. Das wird dir sicher viel Freude machen.“

Quellental war ein riesiges Grundstück in Stellingen, das dem einbeinigen Tischlermeister Brink gehörte. Der hatte ein Holzbein, das beim Treppensteigen immer nachgezogen wurde. Deshalb konnte man immer hören, wenn Herr Brink im Treppenhaus auf dem Weg nach oben war.

Herrn Brink sah man von Zeit zu Zeit in einer braunen Uniform mit einer Hakenkreuzbinde um den Arm. Die Erwachsenen sagten, das sei die Uniform der gefürchteten SA. Und sie erzählten sich – wobei sie bemüht waren, es die Kinder nicht hören zu lassen –, Herr Brink habe vor ein paar Jahren nachts in der Osterstraße zusammen mit anderen SA-Männern randaliert und Geschäfte demoliert, die Juden gehörten. Die Kinder erzählten sich das untereinander weiter. Weil sie aber nicht wußten, was Juden waren, interessierte es sie nicht weiter und sie fragten auch nicht, weil sie den Eindruck hatten, daß solche Fragen den Eltern irgendwie unangenehm waren.

Den Herrn Brink, den einige „Onkel Karl“ nennen durften, mochten sie ganz gern; vor allem deshalb, weil er im Quellental auf der Weide einen Esel stehen hatte, der Adele hieß. Adele war ein störrisches Tier, das nie machte, was man von ihm verlangte. Dennoch rissen sich besonders die Jungen darum, Adele vor den kleinen Holzwagen spannen zu dürfen, den Herr Brink in seiner Tischlerei gebaut hatte, und mit dem Gespann ein Stück durch die Gegend zu fahren.

Einmal hatte er von seiner Mutter die Erlaubnis dazu gehabt. Zusammen mit Karlemann und der kleinen Heike, den Kindern von Herrn Brink, wollten sie das Gespann von Eimsbüttel nach Stellingen bringen, und als der Älteste hatte er die Verantwortung für die Fuhre übernehmen müssen. Leider war dann etwas passiert, mit dem niemand gerechnet hatte: Es hatte plötzlich zu regnen begonnen, und unglücklicherweise befand sich das Fuhrwerk auf einer Asphaltstraße. Als Adele ihr Bild in der spiegelglatten Straße sah, weigerte sie sich weiterzugehen. Auch als es zu regnen aufgehört hatte, war nichts zu machen. Nachdem die Kleinen zu weinen angefangen hatten, verlor auch er die Nerven und weinte mit. Erst nach etlichen Stunden und nachdem fünf kräftige Männer den Kindern zur Hilfe gekommen waren, gelang es, die störrische Eseldame zum Weitergehen zu bewegen.

Genau dorthin, wo Adele zu Hause war, fuhr seine Mutter mit ihm, um zusammen mit der Frau von Herrn Brink, die sie „Trudel“ nannten, und einigen anderen Müttern Sirup zu kochen.

Er war mächtig gespannt, wie das wohl gehen könnte. Stundenlang warteten die Kinder in der Hoffnung auf eine lang ersehnte vermeintliche Leckerei. Aber er hatte nicht damit gerechnet, daß es so unerträglich lange dauern würde, bis aus den Zuckerrübenwürfeln der dickflüssige braune Saft herausgekocht war.

Als er dann eine Probe davon auf einer Untertasse hatte und mit dem Teelöffel darin herumstocherte, zog die klebrige Masse lange Fäden, an denen man den Teller hochziehen konnte.

Darüber hinaus befand er, das zähe dunkelbraune Zeug sei ziemlich ungenießbar. Es schmeckte zwar süß, aber es kratzte im Hals. Und außerdem hatte der Sirup einen Beigeschmack, von dem er meinte, so müsse verbrannter Lehmboden und verkohltes Holz schmecken. Genau so hatte es nämlich gerochen, als die Lübecker Altstadt nach dem ersten großen Angriff, den er erlebt hatte, lichterloh brannte. Der penetrante Geruch war ihm nie wieder aus der Nase gegangen. Und deshalb weigerte er sich, den selbstgekochten Sirup zu essen.

„Heil Hitler! Zwei SA-Bier!"

Lieber verließ er sich auf einen anderen Genuß, den seine Mutter ihm und seinen Freund Manfred zu verschaffen trachtete. Ein ganz reines Gewissen hatte er dabei nicht. Aber, so hat er später begriffen, das Gewissen ist immer dann am schlechtesten, wenn etwas am meisten Spaß gemacht hat!

Seine Mutter schenkte ihm und seinem Freund regelmäßig zwei Groschen, und wenn eine Arbeit in der Schule besonders gut ausgefallen war, noch zwei obendrauf, damit sich die beiden dafür ein Eis kaufen konnten.

Weil das Eis – ohnehin nur in den Geschmacksrichtungen Vanille und Erdbeere verfügbar – nicht den Gefallen der Jungen fand, hatten sie bald einen besseren Verwendungszweck für die mütterliche Geldzuwendung ausgemacht: Zwei Querstraßen weiter befand sich die Eckwirtschaft von Johnny Bestmann, in der sich abends die Großväter zum Skatspielen trafen. Dorthin lenkten er und sein Freund Manfred ihre Schritte. Allerdings nicht auf dem direkten Weg, weil er meinte, seine ihnen meistens aus dem Fenster hinterhersehende Mutter könne aus der eingeschlagenen Richtung zumindest die Vermutung ableiten, welches Ziel die beiden ansteuerten. Das war vielleicht nicht realistisch, aber die Angst, bei etwas erwischt zu werden, das seine Mutter niemals toleriert hätte, machte ihn vorsichtig. Also machten sich die beiden Freunde zunächst auf den Weg in die entgegengesetzte Richtung. Dann schwenkten sie in einen schmalen Gang ein, der zwei Straßen miteinander verband und zu beiden Seiten mit zweigeschossigen Wohnhäusern bebaut war. Solche Gänge, in die man durch einen Torweg hineinging, nannte man in Hamburg „Terrassen". Diese, die den beiden bei ihrem Täuschungsmanöver half, nannten sie „Kötelsmieterterrass".

Die Bezeichnung hatten sie von ihren Vätern übernommen, die in ihrer Kindheit einmal mit den dort wohnenden Jungen eine Auseinandersetzung hatten, in deren Verlauf die Gegenseite unappetitliche Hunde-Hinterlassenschaften als Wurfgeschosse zweckentfremdet hatte.

Die Leute in der Nachbarschaft benutzten diese Bezeichnung so selbstverständlich, als sei es ein ganz normaler Straßenname, der allerdings auf keinem Straßenschild zu lesen war.

Nachdem er mit seinem Freund die „Kötelsmieterterrass" durchquert hatte, gingen die beiden durch einen Hausflur, hinter dem sie sofort die Richtung wechselten und schnurstracks Bestmanns Eckkneipe ansteuerten.

Das hatten sie vorher schon ein paarmal getan; denn in der Gegend hatte sich herumgesprochen, daß es bei Bestmann eine ganz passable hellbraune Brause gab, die Johnny vom Faß zapfte. Die Brause wurde – vielleicht wegen ihrer braunen Farbe, aber das ist ihm erst sehr viel später klar geworden – als „SA-Bier" verkauft.

Für die Jungen war das so etwas wie ein Prüfstein, ein Schritt durch die Tür zu den höheren Weihen des Erwachsenseins, und er genoß das Bewußtsein, dazuzugehören. Wer in eine Eckkneipe geht, dort etwas bestellt und auch tatsächlich bedient wird, hat die Prüfung bestanden. Das Ritual der Bestellung aber war die Krönung dessen, was er sich unter der Teilhabe an einer großen Aufgabe vorstellte: Bevor er zusammen mit Manfred die dicke Eichentür zum Innenraum des Lokals öffnete und den schweren, in einem Halbkreis aufgehängten Vorhang beiseite schob, nahmen die beiden Haltung an, dann traten sie in die Gaststube ein, schlugen zackig die Hacken zusammen, hoben den rechten Arm, wie sie es in der Wochenschau gesehen und in der Schule gelernt hatten, und brüllten, wobei sie sich der Aufmerksamkeit und Bewunderung der übrigen Gäste ziemlich sicher waren: „Heil Hitler! Zwei SA-Bier!"

Dann warfen sie lässig das Eisgeld auf den Tresen, Johnny schob die Münzen, ohne mit der Wimper zu zucken, in die geöffnete Schublade unter dem Tisch und füllte das schäumende Gebräu in die Gläser.

Mit weltmännischer Geste, deren vermeintlicher Wirkung sie sich bewußt sein zu dürfen glaubten, tranken sie die Faßbrause in wenigen Zügen aus, stellten die Gläser forsch auf die Theke, rissen den rechten Arm erneut hoch und brüllten wiederum „Heil Hitler!" und fügten mit Sicherheit vortäuschender Stimme hinzu: „Dann bis zum nächsten Mal!"

Johnny legte die Hand mit nach außen gerichteter Handfläche an die Stirn. Etwas zu lässig, wie sie beide fanden und zu wenig militärisch.

„Macht's gut, Jungs", sagte der Wirt mit mildem Lächeln.

Als die beiden Freunde auf die Straße traten, hatten sie nur einen Gedanken: Hoffentlich bekam seine Mutter keinen Wind von dem Kneipenausflug. Er war seiner Sache ziemlich sicher: Mit den täglichen Subventionen für das Eis wäre es dann vorbei!

Von Gottes Strafe und Jungen im Mädchen-Nachthemd

Anfang 1944 stand wieder eine Reise auf dem Programm, der er geradezu entgegenfieberte: Tante Gunda wollte heiraten.

Nicht, daß ihn das Ereignis an sich besonders interessiert hätte. Aber der Mann, den sie heiraten wollte, war ein Fliegerhauptmann. Und alles, was mit der Fliegerei zusammenhing, hatte für den Jungen eine ungewöhnliche Faszination. Er besaß die Modelle aller gängigen Flugzeugtypen, angefangen bei der Me 108 und der Ju 52 bis hin zur „feindlichen" Spitfire. Und er war noch niemals einem leibhaftigen Fliegerhauptmann begegnet. Jedenfalls keinem deutschen.

Einen englischen Piloten hatte er schon mal gesehen. Allerdings einen toten. Vor einiger Zeit war in der Hamburger Tornquiststraße ein Bomber abgestürzt. Von seinem Zimmerfenster, dritter Stock in der Müggenkampstraße, aus hatte er beobachtet, wie das grauschwarze Ungetüm direkt und ziemlich niedrig auf ihn zuflog. Er hatte sich noch darüber gewundert, wie groß so ein Flugzeug war, das man sonst am Himmel doch als sehr viel kleiner wahrnahm. Aufgeregt hatte er nach seiner in der Küche arbeitenden Mutter gerufen, um ihr seine Beobachtung zu zeigen. Bis sie aber über den langen, dunklen Flur gelaufen war, um zu sehen, was dran war an der Geschichte, war das Flugzeug plötzlich hinter der viergeschossigen Häuserzeile der nächsten Querstraße verschwunden.

Über der Stelle, wo das Flugzeug vom Himmel gefallen war, stieg kurz darauf eine bedrohliche tiefschwarze Qualmwolke auf.

Seine Mutter hatte ihm – wohl mehr aus Angst, aber das mochte er als Argument nicht gelten lassen – streng verboten, zu dicht an die Absturzstelle heranzugehen. Aber die Neugier hatte alle Verbotsfesseln gesprengt. Unter dem Vorwand, mit seinem Schulfreund Hausaufgaben zu machen, war er nachmittags aus dem Haus gegangen.

Die Nachricht von dem Flugzeugabsturz mitten im Wohngebiet hatte sich in Eimsbüttel wie ein Lauffeuer verbreitet. Natürlich beschlossen die Jungen, dorthin zu gehen, und waren erstaunt, daß man sie so weit an das Wrack heranließ. Die Maschine war auf einem Trümmergrundstück eingeschlagen und hatte ein benachbartes Wohnhaus so beschädigt, daß die Fassadenwand eingefallen war und man in die einzelnen Wohnungen hineinsehen konnte wie in eine Puppenstube.

Aufräumtrupps in blaugestreiften Anzügen – Kriegsgefangene, wie sich die Leute an der Unglücksstelle erzählten – waren unter der Kontrolle mehrerer Aufseher damit beschäftigt, die verstreut herumliegenden Wrackteile zusammenzutragen und auf die Ladeflächen mehrerer Lastwagen zu heben. Einige der Männer hatten blutige Hände, weil sie die scharfen Metallteile zusammenräumen mußten, ohne ihre Hände geschützt zu haben.

Warum erinnerte er sich bei dem Gedanken an die bevorstehende Hochzeit in Bayern an diesen Tag des Absturzes? Sicher, weil Tante Gunda einen Piloten heiraten wollte. Einen persönlich kennenlernen zu können war für ihn aufregend, und er freute sich darauf. Er hoffte, den Mann über seine Abenteuer und Einsätze, vor allem aber über Flugzeuge ausfragen zu können. Er hatte sich auch schon viele Fragen zurechtgelegt. Zum Beispiel: Wie schnell er mit seiner Maschine fliegen könne, und ob er immer allein unterwegs sei. Und wie viele Feinde er schon abgeschossen habe und ob er schon einmal mit einem Fallschirm abgesprungen sei. Und die Fluglizenz wollte er sich zeigen lassen, weil er fest entschlossen war, selbst einmal Pilot zu werden. Und fragen wollte er ihn auch, was aufregender für ihn sei: mit einem Jagdflugzeug zu fliegen oder Bräutigam zu sein.

Als es dann soweit war und ihn Herr Markmann, der ihn in seiner blauen Fliegeruniform sehr beeindruckte, nur ganz kurz begrüßt hatte, begriff er, daß er über Flugzeuge schon sehr viel mehr wußte als über Hochzeiten. Denn Herr Markmann hatte überhaupt keine Zeit für ihn, weil er sich ständig um seine Gäste kümmern mußte. Der Junge konnte sich nicht einmal darauf freuen, seine Fragen nach der Hochzeit loszuwerden; denn – so hatte ihm Tante Gunda erzählt – Herr Markmann, der ja in einigen Tage ihr Mann sein würde, müsse leider schon einen Tag nach der Hochzeit wieder zurück zu seinem Fliegerhorst.

Viel Zeit für die Vorbereitungen blieb nicht. Er spürte die Unruhe, die alle auf dem Hof ergriffen hatte.

Der Hof lag in dem Dorf Strullendorf. Den Namen auszusprechen war ihm peinlich, und so hatte er seinen Freuden in Hamburg immer nur erzählt, er fahre nach Bamberg. Was ja auch der Wahrheit entsprach, aber eben nur der halben; denn tatsächlich waren sie ja mit dem Zug dorthin gefahren und waren dann von Bamberg mit einem Pferdefuhrwerk abgeholt worden. Er spürte auch, wie sich hier in Strullendorf alle Kräfte auf den Tag konzentrierten, an dem das Brautpaar zum Ehepaar werden sollte. Und er erlebte etwas, das er zu Hause in Hamburg seit langem nicht mehr kannte: einen unbeschreiblichen Überfluß an Nahrungsmitteln, zu dem das ganze Dorf beizutragen schien.

Das Mittagessen wurde an zwei riesigen Tafeln eingenommen, an denen mindestens sechzig Menschen saßen, die Kinder nicht mitgerechnet. Die nahmen die Mahlzeit in einem kleineren Raum ein, der von dem Haupteßzimmer abging.

Von dem Kinder-Eßzimmer aus konnte er die Gesellschaft beobachten. Seine Mutter saß neben einem Soldaten in einer grauen Uniform, mit dem sie sich angeregt unterhielt. Fortan saßen die beiden bei jeder Mahlzeit zusammen, steckten die Köpfe zusammen und lachten sehr viel.

Soviel Nähe seiner Mutter zu einem anderen Mann und soviel Vertrautheit mit einem Fremden verunsicherte ihn, und er spürte ein Gefühl in sich hochsteigen, das er bis dahin noch nicht erlebt hatte. Als er seine Mutter fragte, was das für ein Mann sei, erzählte sie ihm, der sei auch ein Hochzeitsgast, und im zufälligen Gespräch hätten die beiden herausgefunden, daß sie beide aus Lübeck stammten. Da gab es eben Erinnerungen an die Heimatstadt auszutauschen, und sie hatten viel zu erzählen und zu lachen gehabt. Sie hätten deshalb verabredet, auch bei der bevorstehenden Hochzeitsfeier nebeneinander zu sitzen.

Die Erklärung seiner Mutter erfüllte ihn mit Unbehagen, ohne daß er hätte sagen können, worauf dieses Unbehagen beruhte.

Er war eifersüchtig, soviel wußte er. Aber als er darüber nachdachte, bemerkte er, daß es nicht eine Eifersucht um seinetwillen war. Er fühlte sich ja am „Kindertisch“ viel besser aufgehoben und hatte nicht im entferntesten den Wunsch, bei seiner Mutter zu sitzen. Aber irgendwie empfand er das Verhalten der Mutter als Verrat an seinem Vater, der weit weg war und keinen Urlaub bekommen hatte.

Er beschloß, den Verrat auf seine Weise zu bestrafen, und hatte sich das ganz genau überlegt: Wenn er plötzlich nicht mehr da wäre, davon war er fest überzeugt, würde sich seine Mutter große Sorgen um ihn machen. Er kletterte über eine Leiter auf den Heuboden und legte sich an der runden Maueröffnung, durch die frische Luft auf den Heuboden kam und man deshalb nicht dauernd niesen mußte, auf die Lauer. Nach etwa zwei Stunden begann ihn seine Mutter zu suchen. Immer wieder rief sie ihn, und immer wieder hielt er sich den Mund zu, um sich nicht durch irgendeine Äußerung zu verraten. Er spürte, wie seine Mutter immer unruhiger wurde, und er sah, daß ihr bald ein paar Leute beim Suchen halfen. Zuerst auf dem Hof, wo es viele Ecken gab, in denen man sich verstecken konnte. Schließlich suchten sie sogar die Jauchegrube ab, weil sie befürchteten, er könnte hineingefallen sein. Inzwischen wurde es draußen dunkel, und seine Mutter begann furchtbar zu weinen. Das war für ihn der Augenblick, das Spiel zu beenden.

Er verließ sein Versteck, kletterte die Leiter hinunter und ging hinten um die Scheune herum, um durch das große grüne Eichentor scheinbar gelangweilt auf den Hof zu gelangen. Bei seinem Anblick geriet seine Mutter in helle Aufregung, trocknete sich die Tränen vom Gesicht und lief auf ihn zu, um ihn in die Arme zu nehmen. Kein Wort des Vorwurfs, nicht die insgeheim erwartete Standpauke, keine Androhung von Hausarrest oder was sonst immer er an Sanktionen erwartet hatte. Statt dessen nur die Frage, wo er so lange gewesen sei, wobei sie ihm geradezu zärtlich über den Kopf strich. In diesem Augenblick tat ihm seine Mutter leid, und er beschloß, sie um Gottes willen nicht wissen zu lassen, daß hinter seinem Verschwinden eine kalkulierte Absicht gesteckt hatte. Er beschloß, ihre Frage mit einer Lüge zu beantworten: „Ich war draußen im Kornfeld", flunkerte er, „und habe den Weg so schnell nicht wieder herausgefunden."

„Ich bin so froh, daß du es doch noch geschafft hast", sagte sie mit viel Sanftheit in der Stimme.

Als er am Abend ins Bett ging, hatte er das Gefühl, daß der Gutenachtkuß besonders liebevoll ausfiel.

„Ich bin erleichtert", sagte sie, bevor sie das Licht löschte. Dann ermahnte sie ihn, schnell einzuschlafen; denn übermorgen sollte die Hochzeit stattfinden, und da sollte er nicht allzu müde sein.

Die Trauung selbst und die damit verbundene Zeremonie hatten ihn nicht sonderlich beeindruckt. Abgesehen von dem Orgelklang, den er in Hamburg immer vermißte, weil sie dort nie in die Kirche gingen, interessierte ihn kaum etwas von dem, was in der Kirche wie eine Theateraufführung ablief. Vor allem fand er deshalb keinen Gefallen daran, weil der Pastor, den sie in Bayern Pfarrer nannten, in einer Sprache redete, die er nicht kannte. Wie sollte er da mit seinen Gedanken bei der Sache bleiben?

Was ihm gefiel, war der reiche Goldschmuck, der in der Kirche überall glänzte. Viel mehr Gold als in der weitaus größeren Lübecker Marienkirche, in die ihn sein Großvater einmal mitgenommen hatte. Als sehr komisch empfand er die Jungen, die in weißen Mädchen-Nachthemden herumliefen, Kerzen mit sich herumtrugen und immerzu mit Blechbehältern herumfuchtelten, aus denen ein unangenehm riechender Qualm hervorquoll. Das war ungefähr so wie mit den Räucherlaternen, die sich die Hamburger Jungen im Herbst immer bastelten. Mit einem Nagel wurden in den Boden einer geöffneten Konservendose Löcher geschlagen. Dann stopfte man feuchtes Herbstlaub hinein, zündete es an und schleuderte die Räucherlaterne an einem oben und unten befestigten Draht mit weit ausladenden Armbewegungen so lange herum, bis die Dose einen dunkelblau-braunen Schweif hinter sich her zog. Nur, daß es dabei auf der Straße sehr viel lustiger zuging als bei den Jungen mit den weißen Mädchen-Nachthemden, die das Räuchern sehr verbissen betrieben.

Daß andererseits die Kirche durchaus unterhaltsam sein konnte, lernte er ein paar Tage später, als ihn die Kinder im Dorf, die ihn inzwischen als Spielkameraden akzeptierten, aufgefordert hatten, mit ihnen zusammen in der Kirche „die Leich zu begucken". So etwas hatte er noch nie gehört, geschweige denn erlebt. Die Vorstellung des Schrecklichen stieß ihn ab und machte ihm auch Angst. Aber es zog ihn zugleich auch an und machte ihn neugierig.

Für die Kinder in Strullendorf war es etwas ganz Selbstverständliches: Wenn in der Kirche ein Verstorbener aufgebahrt war, den man kannte oder auch nicht, nahm man durch einen Besuch Abschied von ihm. Jedenfalls galt das für die Erwachsenen. Die Kinder sahen darin einen nachmittäglichen Zeitvertreib. So auch an diesem Tag.

Sie liefen in großer Fröhlichkeit die Straße entlang, bis sie auf dem sandigen Platz vor dem Kirchenportal angekommen waren. Ohne ihr Lauftempo wesentlich zu reduzieren, schoben sie die schwere grüne Eichentür gerade so weit auf, daß man in den kühlen Innenraum hineinschlüpfen konnte. Irgendwie müssen sie gespürt haben, daß sich der Junge aus Hamburg dabei nicht sonderlich wohl fühlte. Einem der Mädchen muß er leid getan haben; sie nahm seine Hand und führte ihn behutsam an einen großen, mit weißem Taft ausgeschlagenen Sarg heran, dessen Deckel hochgeklappt war.

Als er sich mit vorsichtig-zögernden Schritten dem Sarg näherte, klopfte sein Herz so laut, daß er annahm, die anderen müßten das hören. Die einzige aber, die wohl tatsächlich spürte, was in im vorging, war das Mädchen, das seine Hand genommen hatte und dessen Namen er nicht einmal kannte. Dafür liebte er sie und hat noch lange Zeit an sie denken müssen. Sie hat wohl auch dazu beigetragen, ihn das Unheimliche der Szene als weniger schrecklich empfinden zu lassen. Als er mit Herzbeklemmungen an den Sarg getreten war, zitterten nicht einmal seine Knie. Er schaute dem Toten – einem Mann, der vielleicht so um die sechzig Jahre alt gewesen sein muß – mit großer Selbstverständlichkeit ins Gesicht, und es kam ihm vor, als blicke das Objekt seiner Betrachtung entspannt und von innerer Fröhlichkeit geleitet, wenn auch mit geschlossenen Augen, auf ihn zurück. Er, der in der Betrachtung toter Menschen ungeübt war, fühlte sich an der Hand des Mädchens gut aufgehoben.

Es hätte nicht viel gefehlt, und er würde so etwas wie Sympathie für die von ihm als fremd erlebte Kirche empfunden haben, wäre nicht eine Woche nach der Hochzeit von Tante Gunda ein Ereignis eingetreten, das ihn erschütterte und nachdenklich stimmte. Zunächst hatte er die Tragweite der Nachricht nicht verstanden, die in der Form eines schwarzumrandeten Briefes in Strullendorf ankam und die im Haus tiefe Trauer auslöste: Onkel Heinz, der Fliegerhauptmann, so wurde Tante Gunda in dem Brief mitgeteilt, sei im unermüdlichen Dienst an Führer, Reich und Vaterland den Heldentod gestorben. Während eines seiner ersten Flugeinsätze nach seiner Hochzeit war sein Flugzeug abgeschossen worden, und der Pilot Heinz Markmann war bei dem Absturz ums Leben gekommen.

Im Haus an der Strullendorfer Hauptstraße war über Nacht Düsternis eingezogen. Behutsam erklärte ihm seine Mutter, was sich Schreckliches ereignet hatte, und er hatte stundenlang bitterlich geweint, weil er noch so viele Fragen an Heinz gehabt hätte, die er ihm nun nicht mehr stellen konnte.

Was sich in dem kleinen Dorf nahe Bamberg dann abspielte, erfuhr er später von seiner Mutter. Er empfand das als so gemein, daß sich für ihn mit dem Gedanken an die Kirche in Bayern fortan Abscheu verband. Die Leute hatten, wenn sie sonntags brav in die Kirche gingen und beteten, seine ganz in Schwarz gekleidete Tante Gunda nicht etwa getröstet, sondern zu ihr gesagt, der Tod ihres Mannes sei die Strafe des Lieben Gottes dafür, daß sie einen „Evangelen" geheiratet habe und nicht, wie es sich für ein anständiges bayerisches Mädchen gehöre, einen katholischen Mann. Sie hätte wissen müssen, daß sie Gottes Zorn mit aller Härte treffen würde.

Er konnte nicht verstehen, daß der Liebe Gott zu solchen Gemeinheiten fähig ist, und war schon dabei, ihm seine Zuneigung zu entziehen, hätte nicht seine Mutter ihm erklärt, daß sich der Liebe Gott aus solchen Dingen raushält. Es seien vielmehr die Menschen, die es oft nicht ertragen können, wenn jemand etwas anderes glaubt als man selbst. Und mit den Katholiken und den Evangelischen sei das besonders kompliziert.

Richtig verstanden hatte er das nicht, und er wußte auch nicht ganz genau, was „Evangelen" und „Katholen" eigentlich waren.

Aber in diesem Augenblick war er überglücklich, zu keinem von beiden zu gehören. Und er nahm sich vor, auch nie dazugehören zu wollen.

„De unnarsche Persohn“

Wer es in der kurzen Zeitspanne zwischen „Vor-“ und „Vollalarm“ über die enge Betontreppe zur fünf Meter tiefen Sohle des Bunkers geschafft hatte, durfte sich einstweilen in Sicherheit wiegen. Solange jedenfalls, bis sich herumgesprochen hatte, daß die sogenannten Röhrenbunker keineswegs immer vor schweren direkten Bombentreffern schützten.

Auch wenn er als Kind nicht recht begriff, was das Wort „Gasschleuse“ bedeutete, so empfand er die für ihn nur schwer zu entziffernden großen Buchstaben mit den daneben gemalten Gasmasken als etwas Bedrohliches. Und wenn die Männer in den hellbraunen Uniformen die riesigen Knebel an den polternd zufallenden Stahltüren nach unten gedrückt hatten, überkam ihn irgendwie das Gefühl, unentrinnbar eingesperrt zu sein. Es fiel ihm nicht schwer, sich auszumalen, was passieren würde, wenn sich einmal die Türen nicht mehr öffnen ließen oder wenn die Mauern eines der viergeschossigen Wohnhäuser von einer Sprengbombe getroffen vor den Bunkereingang fallen und alle, die dort unten saßen, verschütten würden.

Andererseits hatte der für eine bestimmte Abteilung des Bunkers zuständige Luftschutzwart die Frauen und Kinder, die hier Nacht für Nacht herunterkamen, immer wieder beruhigt und ihnen versichert, daß ihnen hier unten nichts passieren könne. Auch wenn die Erde zuweilen bebte, das spärliche Licht zu flackern begann und die Erwachsenen mit zitternden Stimmen sagten, da müsse wieder ganz in der Nähe eine Sprengbombe eingeschlagen sein.

In solchen Augenblicken hatte er gelernt, die Gedanken an das, was möglich sein könnte, immer wieder schnell zu verdrängen und die in ihm hochkriechende Angst so gut es ging zu unterdrücken. In solchen Augenblicken dachte er daran, daß nun ja auch bald sein Vater von der Front zurückkehren und ihn und seine Mutter ganz sicher beschützen würde, weil der Luftschutzwart Herr Schulz jede Nacht hoch und heilig versicherte, es werde nun bald vorbei sein; denn der Endsieg stehe unmittelbar bevor. Das dürfe man dem geliebten Führer glauben, der das genau wissen müsse; denn nie habe es schließlich einen bedeutenderen und weitsichtigeren Feldherrn gegeben.

Weil man ihm in der Schule dasselbe erzählt hatte, war er fest entschlossen, das zu glauben. Sobald er wieder aus dem Bunker herauskam – was ja meistens bei Nacht der Fall gewesen war, aber neuerdings auch immer öfter bei Tage vorkam –, traf er sich mit seinen Freunden aus der Straße zum Spielen. Der lang anhaltende Ton der Sirene läutete für die Jungen den unterhaltsamen Teil des Tages ein, und sie hofften, nicht durch das an- und abschwellende, geradeswegs in das Rückenmark hineinsägende Wimmern der auf den Dächern stehenden Alarmsirenen erneut in den Lustschutzkeller gerufen zu werden.

Nach den Angriffen machten sich die Jungen auf die Suche nach Granatsplittern, die nach Form und Größe geordnet von den Jungen als Tauschobjekte genutzt wurden wie von den Mädchen die Abzeichen der Winterhilfssammlungen. Weil die Metallteile an den Bruchstellen oft scharfe Kanten hatten, hatte er sich ein paarmal ein kleines, kaum sichtbares Metallteil in den Finger oder Handballen gerissen, das sich am nächsten Tag entzündete. Seine Mutter hatte ihm daraufhin verboten, „das Zeug" weiterhin nach Hause zu schleppen. Aber was sind schon Verbote einer Mutter gegen die Leidenschaften des Sohnes?

Seit den schweren Angriffen, von denen man später lernte, daß sie die Alliierten unter dem Codewort „Operation Gomorrha" geplant hatten, waren er und seine Mutter viele Nächte lang in den auf einer relativ kleinen Fläche zwischen den Hinterfassaden viergeschossiger Wohnhäuser eingepferchten Röhrenbunker getrieben worden, und die Kinder hatten, in ihrem Übermut die Gefahr verkennend, oft sogar ihren Spaß dabei gehabt. Nächtliche Geselligkeit war für sie ja ein ganz neues Lebensgefühl gewesen.

Aber die Zeiten wurden nach und nach schwerer, und das spürte er trotz aller Unbefangenheit, die seine Mutter ihm zu erhalten versuchte. Längst hatte er seine Schadenfreude darüber aufgegeben, daß sein im Nachbarhaus wohnender Erzfeind Uwe Börner, der zwei Jahre älter war und ihn auf dem Schulhof immer verprügelt hatte, ausgebombt worden war und alle seine schönen Spielsachen verloren hatte. Nein, Schadenfreude gab es nicht mehr, seit die beiden gemeinsam um Uwes Hund getrauert hatten, der eines Morgens tot am Rande eines Trümmergrundstücks gelegen hatte. Niemand wußte, wie das langgestreckt daliegende Tier umgekommen war. Solche Erlebnisse schmiedeten zusammen. Schließlich hatte er sogar – wenn auch schweren Herzens – für Uwe ein paar seiner geliebten Plastolin-Soldaten herausgerückt, auf die er immer so stolz gewesen war. Allerdings hatte er sich nur von denen getrennt, die ohnehin schon „angedetscht" waren, wie Uwe monierte, nur weil einem eine Hand fehlte, mit der er gerade ein Handgranate werfen wollte, und einem anderen ein Bein abhanden gekommen war und der deshalb immer umfiel. Genommen hat Uwe die Invaliden trotzdem!

Und dann saß im Bunker auch die nervige Ingeborg mit den langen strohblonden Zöpfen und der quäkigen Stimme. Er liebte es, sie zusammen mit anderen Jungen von einer Röhre zur anderen zu jagen, um sie an den Zöpfen zu ziehen, bis sie heulte und ihre Mutter dazwischenging. Eigentlich war Ingeborg ganz nett, und er mochte sie nur deshalb nicht, weil sie, wenn sie auf dem zum Treppenhaus hin gelüfteten Klo saß, immer mit penetranter Stimme schrie: „Maaami, ich bin feeertig!" Das hallte dann durch das gesamte Treppenhaus. Was ihn wunderte, war die Regelmäßigkeit, mit der Ingeborg die Dienstleistung ihrer „Maaami" in Anspruch nahm, und er entfaltete ein hohes Maß an Verachtung dafür, daß Ingeborg noch nicht selber zustande brachte, was sie in ihrem Alter doch eigentlich hätte beherrschen müssen. Insgeheim, so kam es ihm später einmal in den Sinn, hatte er Ingeborg wohl ein bißchen lieber gemocht als all die anderen Mädchen aus der Straße. Allzugern hätte er einmal heimlich durch die Lüftungsklappe geschlinzt, um genau zu sehen, welche Art von Dienstleistung Ingeborg von ihrer Mutter einforderte. Aber erstens war ihm eingetrichtert worden, daß „man so etwas nicht tut", und er war es gewohnt, solche gesetzten Regeln einzuhalten, und zweitens war die Lüftungsklappe viel zu hoch. Er hätte also auf einen Stuhl klettern müssen, um des in der Phantasie lebhaft ausgemalten Anblicks teilhaftig zu werden, und das – so fürchtete er – wäre kaum möglich gewesen, ohne aufzufallen. Also verzichtete er freiwillig auf dieses Stückchen Aufklärung und schwor sich, für das Versäumte auf andere Weise Entschädigung zu holen.

Die allabendliche Versammlung im Röhrenbunker hatte längst ihren Familien-Treff-Charakter verloren. Die Erwachsenen saßen nachdenklich-schweigend nebeneinander, und das bedrückte auch die Kinder. Jeder hütete seine Gedanken und die bescheidene Habe, die er bis hierher über den Krieg gerettet hatte.

Nur die alte Frau Carstensen, die einen unübersehbaren Bart ums Kinn hatte, über den sich die Kinder insgeheim lustig machten, redete unaufhörlich, und sie kündigte an, sie wolle „das Schwein" eigenhändig an dem vor dem Haus stehenden Laternenpfahl aufhängen, falls es der Mann wagen sollte, noch einmal nach Hamburg zu kommen. Eindringlich hatte ihn seine Mutter ermahnt, nichts über die Reden der Frau Carstensen herumzuerzählen. Erst sehr viel später wurde ihm klar, daß mit dem „Schwein" der von allen doch so sehr geliebte Adolf Hitler gemeint war. Er fand derart despektierliche Bemerkungen über den Führer unerhört. Da der Mann aber nicht mehr nach Hamburg kam, mußte Frau Carstensen ihre Ankündigung nicht wahr machen, und die Sache erledigte sich bald darauf durch einen von den Nazis verschleierten Selbstmord Hitlers.

Zunächst aber blieben ihm noch die nächtlichen Zusammenkünfte in der Bunkerröhre erhalten und damit manch ein Erlebnis, das seine Erinnerung zeitlebens nicht verlassen wollte. Zwei alte Damen saßen regelmäßig auf ihren Stammplätzen, meistens verbissen vor sich hin schweigend. Frau Staackmann war die eine, und die andere hieß Fräulein Krajewski – wobei sie auf „Fräulein" ebensoviel Wert legte wie auf die immer wieder mit Nachdruck hervorgehobene Tatsache, sie entstamme einem alten polnischen Adelsgeschlecht.

Was die beiden alten Damen voneinander unterschied, war ihre Beziehung zur Reinlichkeit. Schlampig und stets vollgekleckert – das war Frau Staackmann, deren fehlende obere Zahnreihe sie noch unappetitlicher machte. Die andere, das Fräulein Krajewski, war immer adrett gekleidet und hatte sich zum Kellergang immer ganz besondern herausgeputzt. Auffällig war ihr großer weißer Spitzenkragen, der allerdings schon ein wenig vergilbt war und von dem sie immer wieder die Geschichte erzählte, einer ihrer Verehrer habe ihr den vor vielen Jahren aus Brüssel mitgebracht.

Was die beiden Frauen verband, war das gemeinsame Aluminium-Eßgeschirr, aus dem sie emsig die von Helfern zubereitete und verteilte Milchsuppe löffelten: hastig schaufelnd (und deshalb stets die doppelte Menge ergatternd) die Frau Staackmann, und vornehm den Blechlöffel mit weit abgespreizten kleinen Finger haltend und immer von der Breitseite nippend das Fräulein Krajewski.

Solche Löffelgemeinschaft schuf eine gewisse Vertrautheit zwischen den sonst so unterschiedlichen beiden Damen. Aber sie ließ von Zeit zu Zeit auch Aggressionen wachsen. Besonders, wenn die schnuddelige Frau Staackmann die Spelze der Haferflocken, die sie „Schlusen" nannte, mit laut schmatzendem „Pt – pt – pt – pt" auf den Löffel zurückspuckte und das ganze dann wieder in die Haferflockenpampe hineinrührte.

Eines Nachts – der „Tommy" hatte die Stadt kurz hintereinander mit zwei Anflügen beehrt und die Menschen zweimal in die Luftschutzkeller getrieben – entlud sich die explosive Stimmung: Das sonst so sehr auf Contenance bedachte Fräulein Krajewski meinte, nun sei das Maß voll, und nahm eine völlig ungewohnte kampfbetonte Haltung ein. Die alte Dame warf ihren Löffel wütend in das gemeinsame Eßgeschirr, daß die gelbgraue Milchsuppe hochspritzte und filigrane Ornamente auf die dunklen Kleider der beiden Damen zeichnete. Mit schriller Stimme quittierte Fräulein Krajewski die Löffelgemeinschaft und schleuderte Frau Staackmann den denkwürdigen Satz entgegen: „Ne, wat sünd se doch för 'ne unnarsche Persohn!"

Für eine Schrecksekunde erstarrte das Bunkerleben zu einer Ewigkeit peinlichen Berührtseins. Dann entspannte sich die Atmosphäre, und alle bemühten sich den Anschein zu geben, als hätten sie nichts bemerkt.

Am nächsten Tag wurde dann doch wieder nach demselben Ritual mit denselben Tischsitten weitergegessen. Der Hunger überwand allen Ekel und alle gesellschaftlichen Gegensätze, die diese beiden Frauen in Friedenszeiten niemals zusammengebracht hätten. Niemand wehrte sich gegen den Zwang der Verhältnisse. Die Kräfte, derer es zur Auflehnung bedurft hätte, waren ja aufgezehrt.

Kusinchens „Doktorspiele"

Kusinen, so hatte er sich in seiner kindlichen Lebensphilosophie zurechtgelegt, waren eine ziemlich praktische Einrichtung: Man konnte an ihnen seine männliche Überlegenheit testen, die ein Junge nach seiner unerschütterlichen Meinung über Mädchen haben mußte. Warum sonst durften er und seinesgleichen, wenn sie nur das richtige Alter erreicht hatten, in den Krieg ziehen, das Reich verteidigen und Heldentaten vollbringen? Immer wieder träumte er von den Taten, wie er sie aus seinen großformatigen Bilderbüchern von den Fliegern Ernst Udet und Werner Mölders kannte. Oder von den U-Boot-Kommandanten, die auf See immerzu siegten und fleißig feindliche Schiffe versenkten. Die Frauen und Mädchen durften sich dagegen nicht so aufregend bewähren. Was war das schon, die Bewährung an der Heimatfront, wie das der Radiosender immer nannte, den er mit Begeisterung aus dem aus feinem Rosenholz gebauten Nordmende-Gerät hörte.

„Heimatfront" – das war der Platz, an dem seine Mutter kämpfte, indem sie Pulversäcke nähte. Einmal in der Woche holte sie, die das Schneiderhandwerk erlernt hatte, fertig zugeschnittene grün-weiß gestreifte Stoffteile aus der Agentur Hinrichsen gegenüber der Eimsbütteler Apostelkirche. Zu Hause saß sie dann – wenn nicht gerade Fliegeralarm sie in den Luftschutzkeller gerufen hatte – bis spätnachts an ihrer „Mundlos"-Nähmaschine und fügte jeweils zwei der tellergroßen rundgeformten Stoffteile zusammen, die sie fein säuberlich umsäumte. Zwei Tage später wurden die fertigen Pulversäcke dann wieder bei Hinrichsen abgeliefert. Dafür gab es dann ein paar Zusatzpunkte für irgendwas Lebensnotwendiges. Das war ganz angenehm, aber worin lag das Heldenhafte? Nein, so hatte er beschlossen, eine Frau konnte kaum einen Mann ersetzen. Auch der Lehrer, ein Herr Schönfeld, der zugleich auch Rektor war, hatte das gesagt. Und ihm, dem immer ein wenig zu lauten, aber sonst ganz passablen Mann, der schon zu Zeiten seines Vaters an der Schule Lutterothstraße unterrichtet hatte, wollte er glauben.

Sicher, da war die Tante Lilo, die Tochter der Nachbarin, die manchmal nach Hause kam und ihre schmucke Uniform mit der Schiffchenmütze vorzeigte. Die Mütze durfte er dann aufsetzen und stellte sich vor, wie gut er aussehen würde, wenn er eines Tages selbst so eine Mütze tragen würde. Tante Lilo nannten die Leute im Haus ein „Blitzmädchen" und erzählten, daß sie mit einem Funkgerät umgehen konnte. Das beeindruckte ihn. Aber es brachte ihn nicht von seiner Vorstellung ab, daß Mädchen nicht sehr nützlich seien.

Besonders nicht seine Kusinen! Rosemarie, ungefähr so alt wie er, und ihre fünf Jahre jüngere Schwester Reni lebten im Haus des Lübecker Großvaters, weil Rosis Mutter dem Opa seit dem Tod der Großmutter das Haus in Ordnung hielt.

Nein, seine Meinung über die Frauen im allgemeinen und die Mädchen im besonderen war unumstößlich! Seine beiden Lieblingskusinen lieferten ihm dafür augenfällige Beweise. Wenn etwas nicht nach ihrer Mütze ging, heulten sie immer gleich los. Und wenn sie in den Keller geschickt wurden, um ein Glas Gewürzgurken hochzuholen oder ein paar Kartoffeln in einen Korb zu schaufeln und in die Küche zu bringen, dann kniffen sie meistens, weil er ihnen erzählt hatte, dort unten hausten Ratten. Er hatte zwar nie welche gesehen, aber er war davon überzeugt, daß es so sein mußte. Wo sonst sollten Ratten leben, wenn nicht im Keller, in dem es feucht und muffig roch? Feige waren die Mädchen auch, wenn sie entgegen dem Verbot der Mütter bei Dunkelheit durch das Schilf bei den Bootshäusern an der Wakenitz streiften, weil er ihnen vorgelogen hatte, daß sich in solchem Wassergestrüpp nicht nur kleine Kröten herumtummelten, was die Mädchen schon als eklig genug empfanden, sondern daß sich dort vor allem bei Vollmond Krokodile versteckten, die großen Appetit auf zarte Mädchenbeine hätten.

Unter dem Strich sprach also alles gegen die Kusinen. Wenn man sich abends vor dem Einschlafen Gespenstergeschichten erzählte, waren es immer die Mädchen, die zuerst jammerten, sie könnten nicht einschlafen, weil er ihnen allzu bildhaft ausmalte, was all die Ungeheuer seiner Phantasie, die feuerspeienden Drachen und die schwerfällig heranstapfenden Riesen mit zwei Köpfen und fürchterlichen Krallen mit ihnen anstellen würden, sobald kleine Mädchen eingeschlafen seien.

Gut, da gab es ein paar Dinge, in denen ihm die Mädchen scheinbar überlegen waren: In der Freibadeanstalt machte es ihnen nichts aus, vom Drei-Meter-Brett zu springen. Immerzu belästigten sie ihn mit der Aufforderung, ebenfalls zu springen. Aber jedesmal, wenn er oben stand, zitterten ihm die Knie, und ein mulmiges Gefühl machte sich in seiner Magengrube breit. Jedesmal mußte er eine andere Ausrede finden, warum er ihnen gerade heute seinen Mut nicht unter Beweis stellen konnte.

Auch „Köpfer" vom Fähranleger in das muddige Wasser machten die Mädchen lange, bevor auch er sich traute und dabei so ungeschickt auf den Bauch klatschte, daß die Haut noch brannte, als sie zwei Stunden später nach Hause gingen.

Und dann gar Handstand! Die Kusinen warfen schwungvoll ihre

Beine hoch, daß ihre Kattunkleider über den Kopf fielen und ihm zu sehen erlaubten, was ihn in Erregung versetzte und immer wieder bewog, sie zu weiteren Übungen dieser Art zu animieren. Er selbst kippte bei dem Versuch, auf den Händen zu stehen, jedesmal um, oder er sackte zusammen, was die Mädchen zum Spott anregte. Er gab es deshalb bald auf, weiterhin mit ihnen auf diesem Gebiet in Wettbewerb zu treten. Ebenso mußte er zugeben, daß er es in der Kunst des Über-den-Gartenzaun-Balancierens nicht zu der Grazie und Leichtfüßigkeit der Kusinen bringen würde.

Dennoch: Was war alles das gegen den Vorzug, eines Tages ein Mann zu sein!

Allerdings war er sich darüber im klaren, daß es bis dahin ein weiter Weg sein würde. Und irgendeine innere Stimme sagte ihm, daß ihm die Mädchen auf dem Weg nützlich sein würden. Er wußte nur noch nicht wie.

Überhaupt machten die Mädchen manchmal Andeutungen, die er nicht verstand, die aber in ihm eine ahnungsvolle Unruhe hochkommen ließen und seine Neugier weckten. So hatten die Kusinen dank einer guten Beobachtungsgabe und einem ausgeprägten Bedürfnis, diese auch konspirativ zu nutzen, durch einen heimlichen Blick ins elterliche Schlafzimmer herausgefunden, daß sich Erwachsene aus unerklärlichen Gründen nachts gern aufeinanderlegten und die Männer dabei merkwürdige Laute ausstießen, wie sie die Mädchen bis dahin nur im Schweinestall des nahe gelegenen Bauernhofs gehört hatten, während die Frauen unaufhörlich kicherten.

Die Kusinen erzählten solche Geschichten mit einer Selbstsicherheit, die ihn verunsicherte. Wie überhaupt die Mädchen manchmal Spiele vorschlugen, mit denen er nicht recht etwas anfangen konnte. Erst als beschlossen wurde, „Onkel Doktor" zu spielen, war sein Interesse geweckt. Der Doktor – das war eine Respektsperson. Und in der Schule hatte man ihm beigebracht, solchen Leuten mit angemessener Ehrerbietung zu begegnen. Was also lag näher, als in die Rolle einer solchen Person hineinzuschlüpfen?

Also beschloß er für diesen Nachmittag ein Zahnarzt zu sein. Die Mädchen machten gute Miene zum harmlosen Spiel, obwohl er ihrer Reaktion ein gewisses Maß an Enttäuschung über irgendwas entnehmen zu können glaubte, das er nicht recht einzuordnen vermochte.

Er hatte sich gut auf seine Rolle vorbereitet: In er Abstellkammer des großväterlichen Hauses hatte er einen weißen Kittel gefunden, der für seine Figur ein bißchen zu groß geraten war. Aus der Werkstatt hatte er eine flache Zange geholt, die ihm zum Zähneziehen geeignet schien. Eine Pinzette lag im Nähkästchen von Rosies Mutter, und natürlich wurde das Gerät ohne Rücksprache mit der Eigentümerin konfisziert, ebenso zwei lange Stricknadeln, von denen er noch nicht recht wußte, wie sie ihm bei seinem Engriff dienlich sein konnten. Und schließlich brauchte er einen Bohrer oder etwas, das dem am meisten gefürchteten Folterwerkzeug eines Zahnarztes ähnlich sah. Unter der Hobelbank des Großvaters fand er einen solchen Gegenstand, von dem er später wußte, daß es sich um einen Lötkolben handelte. Vor allem aber war er stolz auf den Clou in seinem hübsch hergerichteten Sprechzimmer, für das er sich Opas Schaukelstuhl ausgeliehen hatte: In einem alten Kasten mit allerlei Krimskrams hatte er einen roten Gummiball mit einer länglichen schwarzen Spritzdüse entdeckt, genau so eine, wie sie sein Dentist immer benutzte, wenn er ihm den Mund spülte. Er hatte den Ball auch gleich mit Wasser gefüllt und dessen Spritzfähigkeit ausprobiert. Um sich für den Höhepunkt der Behandlung der schon im Wartezimmer sitzenden Patientinnen eine Überraschung vorzubehalten, versteckte er den prall gefüllten Spritzball in der Tasche seines viel zu großen Kittels.

Als es dann zur Sache kam und die Älteste seiner Kusinen erwartungsvoll im Zahnarztstuhl Platz genommen hatte, war seine große Stunde gekommen: der Starauftritt mit Überraschungseffekt gewissermaßen! Mit einer schnellen Handbewegung zauberte er den prall gefüllten Ball überfallartig aus der Kitteltasche, schob ihn seiner Kusine in den weit geöffneten Mund und spritze den Wasserstrahl so kräftig in ihren Hals, daß das arme Mädchen furchtbar zu würgen begann.

In diesem Augenblick vernahm er hinter seinem Rücken einen schrillen Schrei des Entsetzens, den Rosis Mutter ausgestoßen hatte, die unbemerkt in die Küche gekommen war.

Der Schrei rief auch seine Mutter auf den Plan, die glaubte, ihrer Schwester irgendwie zur Hilfe eilen zu müssen. Seine Mutter war energischer als die Tante; die Kinder wußten, daß ihre Hand leichter ausrutschte und die eine oder andere Ohrfeige zum Standardprogramm ihres Erziehungsrepertoires gehörte. Allerdings war er sich keiner Schuld bewußt und sah allen möglichen Sanktionen mannhaft ins Auge.

Die blieben dann allerdings aus. Das Corpus delicti aber wurde konfisziert. Bei der Gelegenheit erfuhr er auch, was für die Aufregung gesorgt hatte: Der rote Gummiball war das, was die Erwachsenen „Klistier" nannten. Ein Wort, das er noch nie gehört hatte. Jetzt aber lernte er, wozu es eigentlich gut war: Der Großvater benutzte es für Einläufe, wenn sein für die Zucht zuständiger Kaninchenbock, der überaus sensibel war, unter Verstopfung litt. Das war mindestens einmal in der Woche der Fall. Dann schob der Opa dem braven Tierchen zwecks Erleichterung die Spritze in jene Körperöffnung, die sie anschließend für den oralen Gebrauch als ziemlich ungeeignet erscheinen ließ.

Jetzt war es an den Mädchen, laut schreiend aus der Küche zu laufen. Was ihn wieder einmal in seiner Meinung bestärkte, daß die Mädchen wirklich zu nichts zu gebrauchen waren. Nicht einmal für richtige Doktorspiele!

Warten auf die Fabel-Ungeheuer

Am 22. Februar 1945 hatte er seinen neunten Geburtstag gefeiert. Es war ein bescheidenes Fest mit ein paar belanglosen Geschenken gewesen. Seine Mutter hatte irgendwo etwas sandig schmeckende Schokolade aufgetrieben, die beim Kauen zwischen den Zähnen knirschte, und sie hatte daraus einen Marmorpuffer gebacken, der nach scharfem, künstlichen Mandelaroma schmeckte und beim Herunterschlucken im Hals ein wenig kratzte.

Die dunkelgelben Kerzen, die seine Mutter in die Oberfläche des Kuchens gedrückt, nach dem Anzünden aber schnell wieder herausgezogen hatte, weil die Kerzen „blökerten", wie man in Hamburg sagte, und weil das Wachs auf den Zuckerguß tropfte, verbreiteten einen penetranten Geruch nach ranzigem Fett. Das aber empfand er als weniger lästig als den tagelang durch das Treppenhaus des viergeschossigen Mietshauses in der Eimsbüttler Müggenkampstraße wabernden ekelerregenden Dunst von verbranntem Fischöl, in dem die unter ihnen wohnende alte Frau Harleb ihre Kartoffeln zu braten pflegte. Sie hatte irgendeinen Verwandten, der in der Eidelstedter Fischfabrik arbeitete und das widerliche Öl regelmäßig in einem Metallkanister heranschleppte, in dem wohl früher einmal Treibstoff transportiert worden war. Der Gestank, mit dem Frau Harleb ihre Nachbarn belästigte, setzte sich in allen Winkeln des Hauses fest und hing auch noch nach Tagen in den Kleidungsstücken, in denen man durch das Treppenhaus bis zur dritten Etage hochgeklettert war.

Auch seine beiden Freunde, die zur Geburtstagslimonade eingeladen waren, beschwerten sich über den seltsamen „Hausgeruch". Später, als die unverwüstliche Tante Sophie auftauchte und als Geschenk ein irgendwo aufgetriebens blechernes Feuerwehrauto samt Blechgarage heranschleppte, über das sich die drei Jungen hermachten, hatten sie den Trangeruch schnell vergessen. Mit Hilfe eines Holzbaukastens, den ihm sein Großvater aus Holzresten in der hinter dem Haus liegenden Tischlerei zurechtgeschnitten hatte, spielten die Jungen „Hamburg nach einem Bombenangriff". Tante Sophies Feuerwehrauto, so befanden die Jungen, erwies sich als unfähig, gegen das Chaos etwas auszurichten.

Tante Sophie gehörte irgendwie zur Familie, wenn auch nicht zur Verwandtschaft. Auch Onkel Willi hatte früher einmal dazugehört. Dann war er plötzlich nicht mehr gekommen. Wenn die Erwachsenen über ihn sprachen, achteten sie immer darauf, daß die Kinder nicht zuhören konnten. Die schnappten aber doch das eine oder andere auf, während sie emsige Geschäftigkeit mit dem Vorkriegsstabilbaukasten vortäuschten. Dabei hatten sie erfahren, daß Onkel Willi in ein Konzentrationslager eingesperrt worden war. Sie wussten nicht, was das bedeutete. Aber sie belastete doch die Ahnung, daß es etwas Bedrohliches sein mußte, ohne daß sie es gewagt hätten, danach zu fragen.

Sein Geburtstag war an diesem Februartag 1945 ohne Bedrohung verlaufen. Die Angriffe der Bomberverbände, die ihn so oft am Durchschlafen gehindert hatten, waren ausgeblieben. 373 britische Bomber hatten Duisburg angegriffen. 349 Bomber waren auf Worms geflogen, und etliche schnelle Kampfflugzeuge hatten in der Nacht auf den 22. Februar Bomben auf Berlin geworfen. Hamburg hatte nicht auf dem Programm gestanden!

Das alles lag jetzt zweieinhalb Monate zurück, und irgendwie spürte er, daß nichts bleiben würde, wie es gewesen war. Die Erwachsenen hatten ihm erzählt, daß der Krieg nun zu Ende wäre. Das hatten sie schon zu Weihnachten angekündigt. Und er hatte geweint, weil er sich doch so sehr darauf gefreut hatte, demnächst zur Hitlerjugend gerufen zu werden und wenigstens als Pimpf dazuzugehören. Im Fanfarenzug wollte er mitmarschieren, und er spürte, daß dieses „der Krieg ist jetzt zu Ende" das Ende aller seiner Träume sein würde, nicht nur das seiner Alpträume.

Am 3. Mai, so hatte man ihm gesagt, würden die „Tommies" in die Stadt einmarschieren, und deshalb dürfe er nicht auf die Straße gehen. Vor Aufregung hatte er nichts zu Mittag gegessen. Neugierig hatte er sich ans Fenster hinter die Gardinen gestellt, weil ihm die Erwachsenen erzählt hatten, der „Tommy" werde sonst schießen.

Er war enttäuscht, daß niemand schoß und niemand marschierte! Die "Tommies" schepperten mit graugrünen Lastwagen die Straße entlang. Hin und wieder hielten einige an und stellten Holzschilder auf. „Army Tailor" war darauf geschrieben und „Army Post Office" oder auch „Turn Left to Town Center". Er hatte vergeblich versucht, die Aufschriften zu entziffern. Dabei konnte er doch Englisch. „I put my pen into my pencil box" hatte er in der Schule gelernt und den Satz immer wieder vor sich hin gesagt, weil das so schön flüssig klang und ihn in der Illusion beglückte, fließend die Sprache derer zu sprechen, die ihn jede Nacht aus den kindlichen Träumen aufgeschreckt hatten.

In dieser Nacht hatte er wenig geschlafen. Die Aufregung über das, was sich in den letzten Stunden ereignet hatte, war zu ungewöhnlich, als daß es ihm hätte gelingen können, das über ihn hereingebrochene Neue einfach zu verschlafen.

Der nächste Morgen kündigte einen sonnigen Tag an. Über der Stadt lag eine seltsame und wohl auch beängstigende Stille. Eine Mischung aus schicksalsgläubiger Ergebenheit und verhaltener Neugier schien die Menschen ergriffen zu haben. Und wohl auch ein bißchen Furcht vor dem, was ihnen die nächsten Tage und Wochen bringen würden.

Seine Mutter hatte ihn an diesem Maitag nur widerwillig aus dem Haus gelassen, und er hatte ihr Zögern gespürt. Zu tief saßen die noch in den letzten Kriegstagen geschürten Ängste vor den

Greueltaten der Feinde. Sie hatte aber schließlich mit der Ermahnung zugestimmt, er solle sich die „Tommies" nur aus respektabler Entfernung ansehen und immer mit seinen Freunden zusammenbleiben, die vor der Haustür schon auf ihn warteten.

Während des ganzen Morgens war in regelmäßigen Abständen immer wieder das sich in den Toreinfahrten zwischen den Wohnhäusern verfangene Rasseln der schweren Panzerketten zu hören gewesen. Und um die Mittagszeit waren die schweren Fahrzeuge immer noch in den Straßen unterwegs. Und sie fuhren in einem Tempo, von dem er sich nie hatte vorstellen können, daß es die Ungetüme, die er bisher nur aus seinen Heldenbüchern kannte, überhaupt bringen konnten.

Die Truppen, die sich der Stadt bemächtigten, hatten am Ende seiner Straße eine freie Trümmerfläche ausgemacht, auf der sie ihre Fahrzeuge militärisch korrekt in Dreierreihen formierten, was den Eindruck erweckte, sie könnten die über der Stadt liegende Unsicherheit durch ein Übermaß an Ordnung vertreiben.

Zusammen mit den Jungen aus der Nachbarschaft hatte er sich an den Rand des Trümmerplatzes herangewagt. Da standen sie nun unschlüssig herum, starrten auf die bedrohlich wirkenden unansehnlichen Stahlbehälter, in denen die „Tommies" sitzen sollten, und warteten darauf, daß sich einer von ihnen blicken ließ. Was aber mochten das für Wesen sein, die in den Stahlleibern der Panzer hockten? Angst überfiel ihn und Zweifel, ob er nicht besser doch nicht hierhergekommen wäre.

Die „Tommies" hatte er auf der Titelseite einer Zeitung gesehen, die man in der Schule herumgezeigt hatte, solange er noch in die Schule gegangen war. Dann hatten die Tommies die Schule zerbombt, und dafür war er ihnen einigermaßen dankbar. Der Unterricht, den ihm seine Mutter seitdem gegeben hatte, war sehr viel sanfter und konzentrierte sich meistens auf das, wozu er gerade Lust hatte. Auf den besagten Bildern in der Zeitung hatten die Tommies ausgesehen wie Fabelwesen, ausgestattet mit fürchterlichen Krallen und gefährlich aussehenden Fratzen, aus deren Mitte große krumme Nasen hervorstachen. Er konnte sie sich gut vorstellen; besonders wenn sie in ihren düsteren Todesvögeln über der Stadt erschienen, was zuletzt jede Nacht der Fall gewesen war, und zerstörerisches Feuer herauswarfen, vor dem sich die Menschen in die Keller flüchteten. Ja, genau wie auf den Bildern – so mußten sie aussehen, die Tommies, dachte er insgeheim und hoffte, die anderen Jungen würden nicht merken, wie weich seine Knie bei dem Gedanken geworden waren.

Schließlich war er Ungeheuern bisher immer nur in Märchen und Sagen begegnet, angefangen bei Riesen und Wölfen bis hin zu dem feuerspeienden Drachen, den der tapfere Siegfried zur Strecke gebracht hatte. Dabei hatte er sich immer vorgestellt, wie er selbst als der stahlende Held mit einem Schwert bewaffnet und von aller Welt bewundert eine solche Tat vollbracht hatte. Er war sich durchaus des Unterschiedes zwischen seiner von Wunschvorstellungen beflügelten Phantasie und der Wirklichkeit bewußt. Aber jetzt war es eben anders: Hier hatte sein Leben eine Wendung genommen, die ihn aus seiner Traumwelt in die Realität zerrte, auch wenn er sich des Zusammenhangs in dieser Klarheit nicht bewußt war. Im übrigen besaß er ja auch gar kein Schwert, wie es Siegfried benutzt hatte, mit dem er das Ungeheuer hätte erledigen können, das in diesem Panzer hausen mußte. Fast fühlte er sich erleichtert, wegen eines fehlenden Schwertes nicht zum Kampf antreten zu müssen.

Sein Blick richtete sich auf die Einstiegsluke des Panzers, der ihm am nächsten stand, und er beschloß, das Unausweichliche mit aller Tapferkeit eines Neunjährigen zu ertragen.

Der Trümmerplatz, auf dem die Panzerketten die letzten noch herumliegenden Mauerbrocken platt gewalzt und in einen dunkelroten groben Grand verwandelt hatten, lag im hellen Sonnenlicht, das der Szene ihren gespenstisch-bedrückenden Chrakter nahm. Über dem Gelände lag eine Schicht stickiger Luft mit dem Geruch aus Ziegelstaub, verkohltem Holz, ausgebranntem Mauerwerk und ausgeglühten Eisenträger. Eigentlich war es der typische Geruch, der seit der „Operation Gomorrha“ vor knapp zwei Jahren überall in der Stadt wahrzunehmen war, bei Trockenheit etwas weniger, bei feuchtem Wetter deutlich mehr. Es war der Duft der Zerstörung, der den Menschen nicht so recht aus der Nase gehen wollte, auch dann noch nicht, als alles längst zu Ende war.

Mit gespannter Aufmerksamkeit und einer Mischung aus Furcht und Neugier, aber auch mit einem Anflug von Ungeduld wartete er darauf, daß der Panzer seinen lebenden Inhalt ausspucken würde. Als sich der Lukendeckel hob, bemächtigte sich seiner eine Erregung, die sein Herz bis zum Hals schlagen und seinen Atem schneller gehen ließ. Was er dann zu sehen bekam, entsprach keineswegs seiner Erwartung, und er war sogar ein bisschen enttäuscht, daß er nicht in jenes Entsetzen fiel, das er sich in seiner kindlichen Phantasie in allen Einzelheiten ausgemalt und das er sich insgeheim wohl auch ein bißchen erhofft hatte: Aus dem Panzer stiegen nicht die von ihm erwarteten häßlich verzerrten Ungeheuer, bedrohliche Fabelwesen, die so schön in seine Vorstellungswelt paßten. Stattdessen kamen Männer, die den Jungen freundlich zuwinkten und ihn an seinen Vater erinnerten, den er vor einigen Monaten anläßlich eines Urlaubs von der Westfront zum letzten Mal gesehen hatte. Als die Männer aus den Panzern ihre Blicke auf ihn richteten, vermochte er darin nichts Bedrohliches zu entdecken. Nicht einmal Triumph leuchtete in ihren Augen, wie er in den Augen der Helden zu blitzen pflegte, die in großformatigen Bilderbüchern ihre Heldentaten vollbrachten, aus denen er sein Wissen über die Überlegenheit der arischen Rasse bezogen hatte. Nein, was er in den Augen der Panzer-Männer zu erkennen glaubte, war totale Erschöpfung, die ihn so etwas wie Mitleid empfinden ließ.

Außerdem verschenkten sie Schokolade. Damit hatten sich die „Tommies" nach seinen Maßstäben dann auch die Absolution dafür verdient, daß sie einen richtigen deutschen Jungen daran hinderten, seinen Heldenmut gegenüber Ungeheuern unter Beweis zu stellen. Es dauerte nur ein paar Tage, bis er die Enttäuschung überwunden hatte.

Erst sehr viel später, als er gelernt hatte, seine Gefühle und Gedanken einer kritischen Prüfung zu unterziehen, wurde ihm klar, was ihn in das Labyrinth der Ängste hineingetrieben hatte, und er begriff, wie die Propagandamaschinerie der Nazis sein beschränktes Weltbild geformt und sein Urteilsvermögen getrübt hatten und sich für ihn die Hetzpropaganda zu einer kindlichen Realität verdichtet hatte.

„Wenn Ihnen Ihr Leben lieb ist ..."

Am Tag nach dem Einmarsch der britischen Truppen in die Stadt hatte sich die erste Aufregung der Menschen gelegt. Die Angst vor dem Ungewissen wich nach und nach einer verhaltenen Neugier. Die totale Lähmung des öffentlichen Lebens entspannte sich merklich. Aber immer noch bedrückte die Menschen etwas – insbesondere die alleinstehenden Frauen, deren Männer noch nicht wieder zu Hause waren oder sogar für vermutlich längere Zeit in Gefangenschaft leben mussten, waren angesichts der vielen kursierenden Gerüchte über das Verhalten der Besatzungssoldaten verunsichert.

Da er, der Jung Siegfried vom Panzer-Sammelplatz, alles andere als schlechte Erfahrungen mit den „Tommies" gemacht hatte, ertappte er sich dabei, wie er fortwährend seine Mutter beobachtete, um herauszufinden, wie sie mit der neuen Situation fertig wurde. Sie schien sich ihrer Sache nicht ganz sicher zu sein, und er hatte den Eindruck, daß sie ihre Unbekümmertheit nur vortäuschte, um ihn nicht zu beunruhigen.

Tatsächlich dachte sie immer wieder daran, was sich vor genau fünf Tagen an ihrer Haustür abgespielt hatte: Da war schon die Nachricht durchgesickert, daß es nur noch wenige Tage dauern würde, bis Hamburg kapitulieren müsse – es sei denn, die Stadt würde zur Festung erklärt. Für diesen Fall hatten die Alliierten südlich Harburgs starke Bomberverbände bereitgestellt, um die alte Hansestadt für alle Zeiten auszulöschen. Aber das Schicksal meinte es gut mit der Stadt und ihren Menschen, die sich auf das kleinere Übel vorbereiteten, zum ersten Mal wieder seit der Franzosenzeit im frühen 19. Jahrhundert besetzt zu werden.

Das war die große Stunde derer, die immer noch glaubten, Volk und Vaterland im Namen der Nationalsozialisten einen Dienst erweisen zu müssen. Zu ihnen gehörte der schon in die Jahre gekommene Herr Schulz. Die Jungen aus dem Haus und der unmittelbaren Nachbarschaft kannten ihn recht gut, denn er hatte etwas von einem Original. Auch er, der „Jung Siegfried", kannte ihn. Die ziemlich hohe, immer etwas weinerlich klingende Stimme hatte er auch fünfzig Jahre später noch im Ohr, als habe er sie gerade gestern gehört. Irgendwie empfand er sie als abstoßend.

Herr Schulz hatte sein Gemüsegeschäft unten im Haus. Man musste ein paar Stufen hinabsteigen, um in den immer ein wenig muffig riechenden Laden zu kommen. Besonders in den letzten Monaten vor Kriegsende waren die Regale ziemlich leer geblieben: Ein paar Äpfel hatten da herumgelegen, auch Pflaumen, obwohl es noch gar nicht die Zeit für Pflaumen war, und reichlich Sellerie und anderes Suppengemüse. An einer Seitenwand des Ladens war eine rotbraune Holzwand hochgezogen, hinter der Kartoffeln lagerten, die unten am Steinfußboden aus einer Öffnung herauskullerten, wenn Herr Schulz mit einer großen gewölbten Holzschaufel darin herumstocherte.

Der Herr Schulz, der immer auf viel zu breiten Pantinen durch seinen Laden schlurfte, war bei seinen Kunden nicht unbeliebt. Wenn er die Ware auf der Metallwaage mit den schwarzen Eisengewichten korrekt abgewogen hatte, legte er meistens immer noch etwas dazu. Und auch sonst schenkte er den Kindern, die vor seiner Ladentür spielten und deren Ball gelegentlich über die Steinstufen in den Laden hineinrollte, einen Apfel oder ein paar Kirschen. Und er blieb auch immer freundlich, wenn der Ball gegen seine Ladenscheibe flog und sich die Jungen vor Schreck die Ohren zuhielten, weil zu befürchten war, daß die Scheibe klirrend aus ihrem Rahmen fallen würde. Das ist aber nie geschehen; die Schaufensterscheibe ging erst in den letzten Kriegstagen zu Bruch, als sie vom Splitter eines explodierenden Blindgängers getroffen wurde.

Nur ein einziges Mal hatte sich Herr Schulz über die Jungen beschwert, weil sie auf dem Sandstreifen zwischen den Trottoirplatten und dem Kantstein tiefe Löcher gegraben hatten, aus denen sie beim Kibbel-Kabbel-Spielen den selbstgeschnitzten schweren Holzklöppel abschießen konnten. In einem solchen Loch hatte sich Herr Schulz einen Fuß verstaucht, als er frühmorgens in seinen am Straßenrand abgestellten dreirädrigen „Tempo“-Wagen einsteigen wollte, um frische Ware vom Gemüsemarkt zu holen. Aber die Aufregung hatte sich schnell wieder gelegt. Die Jungen hatten Besserung gelobt und die Löcher brav mit Sand aufgefüllt.

Eigentlich mochten die Nachbarn Herrn Schulz recht gern, zumal er sich auch nützlich machte: Weil aber schon die Altersgrenze überschritten war, bis zu der das Reich seine Männer zu den Fahnen gerufen hatte, und weil Herr Schulz als Gemüsemann für die Versorgung der Bevölkerung unabkömmlich war, mußte er nicht in den Krieg ziehen. Weil Herr Schulz seinem Leben aber trotzdem einen völkischen Sinn geben wollte und sich aus dem Jammertal der Bedeutungslosigkeit herausziehen wollte, hatte er eine Nazi-Uniform angezogen und sich dem Regime als Blockwart angedient.

In dieser Funktion des Blockwarts war Herr Schulz eine Respektsperson. Und in dieser Eigenschaft hatte er vier Tage vor der britischen Invasion an den Wohnungstüren geklingelt und den verängstigten Hausfrauen und Müttern in seiner larmoyanten Art einen langen und umständlich formulierten Vortrag gehalten, in dem er furchteinflößende Geschichten über das Barbarentum von Besatzern verbreitete. Seine Rede mündete in die Aufforderung, alles zu vernichten, was sich noch an Hitler-Bildern, Nazi-Emblemen und sonstigem „Beweismaterial" in der Wohnung befinde. Und dann kam es dick: „Wenn Ihnen Ihr Leben lieb ist, trennen Sie sich von allen Erinnerungsstücken, die Ihre Liebe zu unserem Führer verraten könnten. Der Feind kennt keine Gnade!"

Dann zog Herr Schulz in dem stolzen Bewußtsein ab, ganze deutsche Familien vor der Ausrottung gerettet zu haben. Aber seine intensiv mahnenden Worte waren auf fruchtbaren Boden gefallen.

Der „Jung Siegfried" vom Panzerplatz hatte genau registriert, was sich am Nachmittag an der Wohnungstür abgespielt hatte, und er beobachtete genau die Reaktionen seiner Mutter. Der anfänglichen Hektik waren sogar einige der gerade bei Kindern so beliebten Abzeichen des Winterhilfswerks zum Opfer gefallen. Dann ging sie in die „gute Stube" und öffnete den Bücherschrank, in dem die literarischen Schätze des Vaters aufbewahrt wurden. Darunter auch die Bildbände von den Olympischen Spielen 1936. Überwiegend klebten darin Bilder von erfolgreichen Sportlerinnen und Sportlern, die bei dem von den Nazis mißbrauchten Ereignis Medaillen gewonnen hatten. Aber unglücklicherweise hatte der Reemtsma-Bilderdienst, der die Bücher herausgegeben hatte, die Titelseiten der drei Bildbände mit Propagandabildern von Nazigrößen „verschönt", allen voran Hitler in Cäsarenpose, Goebbels, sich wie King Kong mit der rechten Hand an die Brust schlagend, und der korpulente Göring in Galauniform.

„Jung Siegfried" sah mit Erstaunen, wie seine Mutter die Seiten vorsichtig heraustrennte und kraftvoll zerknüllte. Im Herd der Wohnküche hatte sie ein Feuer angefacht, in das sie die Blätter hineinwarf und dazu noch einige eigentlich harmlose Bilder, von denen sie annahm, sie könnten von den Besatzern als „Indizien" gesehen werden. Das feste Kunstdruckpapier wollte nicht so recht brennen und kokelte etwas zögerlich vor sich hin. Aber das reichte aus, um die Seiten unkenntlich zu machen.

Auch einige Gegenstände, auf denen die Hoheitszeichen des

Deutschen Reichs und Parteiembleme zu sehen waren, mußten verschwinden. Ein Dolch der Hitlerjugend wurde auf dem Trümmergrundstück des Nebenhauses in ein Loch unter einem Mauerblock versenkt.

Die Nachbarn auf der Etage, so war später zu erfahren, hatten es genau so gemacht. Wer wollte schon – den Nationalsozialisten kaum entkommen – mit den neuen Machthabern in Konflikt geraten?

Tatsächlich sollte sich die Prophezeiung des Herrn Schulz erfüllen, wenn auch mit einer gänzlich anderen Pointe: Am Tag nach der Entsorgungsaktion im Küchenherd standen kurz vor Mittag zwei britische Offiziere vor der Wohnungstür. Ob man noch irgendwelche Nazi-Erinnerungsstücke versteckt halte, wollten sie wissen, auch an Militärorden und Dolchen mit Hakenkreuzen seien sie interessiert. Guten Gewissens verneinten die Befragten und freuten sich insgeheim, dank der Warnung des Herrn Schulz so gut vorgesorgt zu haben.

Die Befriedigung darüber wich allerdings bald der Enttäuschung; denn die britischen Offiziere erklärten ohne Umschweife, daß sie auf der Suche nach Souvenirs seien. Dabei präsentierten sie einen Karton, in dem sich als mögliche Tauschobjekte alles fand, was man im Nachkriegsdeutschland für erstrebenswert hielt: Nescafé, Schokolade, Nylonstrümpfe ... eine Art Basiswährung für das, was man auf dem schwarzen Markt in naher Zukunft „Kompensationsgeschäfte“ nennen wird.

Dem hilfreichen Blockwart Schulz – der noch vor der großen Entnazifizierungswelle das Zeitliche segnete – soll manch ein kräftiger Fluch nachgeschickt worden sein.

Die „große gelbe Medizinflasche“ des Herrn S.

Alles werde jetzt wieder „normal“, hatte man ihm versprochen. Der Krieg war seit einigen Wochen zu Ende. Ob das Leben jetzt wieder „normal“ war, konnte er nicht beurteilen. Er hatte ja nie etwas anderes kennengelernt als seine „Normalität“, und das war die des Krieges. Nur daß manches anders geworden war, fiel ihm auf: Den „Tommies“, die zu hassen bis vor kurzem, jedenfalls solange die Nazis etwas zu sagen hatten, die erste Bürgerpflicht gewesen war, mußte man jetzt mit Respekt begegnen. Man hatte ihm und den anderen Jungen seiner Klasse am ersten Schultag nach dem Krieg erklärt, das sei in der Geschichte immer so gewesen; wenn einer den Krieg gewonnen habe, müsse der Unterlegene „nach dessen Pfeife tanzen". Herr Schönfeld, der ehrenwerte Rektor höchstpersönlich, der sonst immer so laut rumbrüllte, daß es durch das ganze Schulgebäude in der Lutterothstraße hallte, hatte seinen Schülern die Geschichtslektion in einer persönlichen Ansprache mit ungewöhnlich sanfter Stimme vorgetragen. Der Mann, der sonst immer darauf bestanden hatte, daß man nichts, was man in der Schule gelernt habe, jemals wieder vergessen dürfe, und der seinen Belehrungen gern mit einem kräftigen „Schluck aus der gelben Medizinflasche" Nachdruck verlieh (womit der Mann seinen stets hinter dem Klassenschrank griffbereit liegenden Rohrstock meinte), hatte ihnen auch gesagt, sie sollten alles vergessen, was man ihnen bisher über „unseren geliebten Führer" beigebracht hatte. Ab sofort solle man auch den zwanzigsten April als besonderen Ehrentag eines besonderen Mannes einfach nicht mehr zur Kenntnis nehmen. Gefeiert werde an diesem Tag auch nicht mehr. Basta! Die Jungen fanden das ziemlich schade. Vor allem aber sollten sie nicht mehr den rechten Arm heben, wenn der Lehrer die Klasse betrete. Und künftig wäre „Guten Tag, Herr Schönfeld" die dem Rektor zustehende angemessene Anrede. Und der Mann mit der fleischigen roten Knollennase drohte auch gar nicht mehr mit der großen gelben Medizinflasche, falls seine Anordnungen keine Beachtung fänden.

Es war das erste Mal, daß er eine ungefähre Vorstellung davon bekam, daß niemals alles so bleibt, wie es einmal war, und daß man seine Verhaltensweise manchmal ändern muß, auch wenn man nicht versteht, warum das von einem verlangt wird.

Einige andere Dinge hatten sich ja schon deutlich verändert. Es gab keinen Alarm mehr und keine Angst vor Bomben, es sei denn vor denen, die als Blindgänger in den Trümmern herumlagen.

Einmal hatte er selbst einen Blindgänger unter einem verbogenen Stahlträger gefunden und seine Freunde darüber informiert. Einer der Jungen, Gerhard, hatte mit einer Eisenstange an der Bombe herumgefummelt und versichert, dabei könne gar nichts passieren. Woher Gerhard das wußte, wollte er aber nicht verraten.

Er selbst hatte daneben gestanden und versucht, die anderen nicht seine Angst spüren zu lassen. Unter dem Vorwand, noch etwas für die Schule tun zu müssen, hatte er sich dann schnell von der Fundstelle entfernt. In sicherer Entfernung wartete er auf die Explosion. Nicht, daß er sie sich gewünscht hätte, aber er zog die Möglichkeit ins Kalkül; denn immer wieder wurde morgens im Radio darüber berichtet, daß Kinder verletzt oder sogar getötet worden waren, weil sie Trümmergrundstücke zu ihren Spielplätzen gemacht und dabei mit herumliegendem Sprengstoff hantiert hatten.

Irgendwie aber übten die „Spielplätze" eine magische Anziehungskraft auf die Jungen aus, die stärker war als alle Verbotsformeln.

Dasselbe galt auch für Ruinen, deren ausgeglühte Ziegelmauern stehengeblieben, die aber einsturzgefährdet waren. An einigen solcher Häuser hatte die Polizei Warnhinweise angebracht, auf denen auch zu lesen war, daß eigenmächtiges Betreten bestraft würde. Aber die Polizei konnte schließlich nicht überall gleichzeitig sein, und so kletterten die Jungen denn schon mal in den Häusern herum, deren leere Fensterhöhlen sie so furchterregend anstarrten. Einige besonders mutige kletterten bis zur ersten Etage hoch, wobei jedesmal Wetten abgeschlossen wurden, wer es höher schaffen könne. Zwar erschraken sie, wenn von oben ein aus mehreren Ziegeln bestehender Mauerblock polternd herunterfiel, aber das war kaum jemals ein hinreichender Anlaß, den Rückzug anzutreten.

Besonders spannend war es, wenn Aufräumtrupps anrückten, um einsturzgefährdete Teile eines Gebäudes einzureißen. Dann wurde an irgendeiner Stelle einer Mauer eine Stahlschlinge befestigt – meistens sehr weit oben, wozu die Männer eine Feuerwehrleiter benutzten. Rundherum wurde alles abgesperrt, und zehn oder zwölf Männer zogen auf das Kommando ihres Vorarbeiters so lange im Gleichtakt, bis die Mauer ins Schwanken geriet. Dann dauerte es nicht mehr sehr lange, bis das Ganze in einer riesigen Staubwolke zusammenstürzte. Wenn man Glück hatte, kippten dazu gleich noch ein paar der angrenzenden Mauern um, die plötzlich keinen Halt mehr fanden. Wenn die Mauern widerspenstig waren und sich nicht bewegen wollten, wurde auch schon mal ein Auto benutzt, meistens ein dreirädriger „Tempo"-Wagen. Wenn der nicht stark genug war, rückte eine mit Holzgas angetriebene Zugmaschine an, die es jedesmal schaffte.

In der Innenstadt, so hatte ihm ein Freund berichtet, der das mit eigenen Augen gesehen hatte, benutzten die Aufräumtrupps sogar Elefanten, die sie sich bei Hagenbeck ausgeliehen hatten und denen die schwere Arbeit offenbar nichts ausmachte.

Nicht immer gelang es den Männern, ihre Aufgabe zu erledigen, ohne weitere Schäden zu verursachen. In der Eimsbüttler Müggenkampstraße war zwischen zwei dreigeschossigen Mietshäusern ein Gebäude niedergebrannt und anschließend eingestürzt, von dem nur der bis zum Dach reichende Schornstein stehengeblieben war. Bei starkem Wind schwankte die hochaufragende Säule so sehr, daß eines Tages der Räumtrupp anrückte, um die Gefahr eines unkontrollierten Einsturzes zu beseitigen. Neugierig hatten die Jungen sich in der Nähe der Räummannschaft aufgestellt, um möglichst viel von dem Gespräch aufzuschnappen, wie die Leute ihre Aufgabe lösen wollten.

Etwa auf halber Höhe, so war schließlich entschieden worden, sollte „angefaßt" werden, und dann wollte man „von Hand" das „Objekt so angreifen", daß es in der Mitte einknickte und auf die vorher abzusperrende Straße fallen mußte, von wo der Schutt dann schnell beseitigt werden sollte.

Gespannt warteten die Jungen auf das Ergebnis der gründlichen Vorbereitungen. Das aber war enttäuschend: Nachdem acht Männer unter dem Kommando ihres Vormanns im Rhythmus von „Zuuu-gleich! Zuuu-gleich! Zuuu-gleich" kräftig an dem Seil gezogen hatten, gab die Schornsteinsäule nach anfänglichem Zögern langsam nach und kippte. Leider knickte sie nicht in der Mitte ein, wie es der Trupp erhofft hatte, sondern sie fiel kerzengerade in voller Länge zu Boden. Und leider fiel sie auch nicht in die Richtung zur Straße, sondern in Richtung auf das Nachbarhaus, in dem sich im Parterre die Wohnung des Fabrikanten Hildebrand befand. Der Schornstein durchschlug die Seite des Hauses, riß ein riesiges Loch in die Wand und lud einen Teil seines Schuttes in der Küche der Hildebrands ab. Genau dort, wo er vor ein paar Tagen noch mit den Hildebrand-Jungen Domino gespielt hatte.

Die Männer, die eben noch „Zuuu-gleich" gerufen hatten, standen ganz kleinlaut herum und wußten nicht so recht, was sie tun sollten. Bis ihnen ihr Einsatzleiter beruhigend auf die Schulter klopfte und aufmunternd sagte, sie sollten jetzt den Schutt aus der Küche wegräumen und die Wand wieder zumauern. So etwas komme immer mal vor und sei doch verglichen mit dem, was die „Tommies“ an Zerstörungen angerichtet hätten, so gut wie gar nichts.

Pech eben!

„Detsche“ – der Pechvogel der Kompanie

Pech ist etwas, so hatte er schon als Junge begriffen, das jeden zu jeder Zeit treffen kann. Mal härter, mal weniger hart.

Er selbst hatte einmal Pech gehabt, als er auf dem benachbarten Trümmergrundstück in eine „Steinschlacht“ verwickelt worden war. Die Jungen hatten zwei Parteien gebildet, im Abstand von 30 Metern Aufstellung genommen und sich dann aus den Schuttbergen geeignete Wurfgeschosse herausgesucht, mit denen die Gegner zu bezwingen sein würden. Dann waren die Steine wie ein Sperrfeuer in beide Richtungen geflogen, und die Kunst hatte darin bestanden, sich immer so geschickt abzuducken, daß man nicht getroffen wurde. Er hatte dabei einmal zu spät reagiert; jedenfalls verspürte er plötzlich einen stechenden Schmerz über dem rechten Auge. Als er sich an die rechte Schläfe faßte, fühlte es sich feucht und warm an. Und dann sah er, daß ihm ein breiter Blutstrom über den Arm lief, der schnell das Hemd durchtränkte. Vielleicht war die Sache nicht so gefährlich, wie sie aussah, aber ein Junge der Gegenpartei entschied, daß der Kampf vorerst beendet sei und die Entscheidung ausgesetzt werden müsse. Tatsächlich hatte er wohl Angst vor den Konsequenzen, die solche Ereignisse in der Regel immer nach sich zogen, wenn sich die Mütter trafen, um sich über die Schandtaten ihrer Sohne auseinanderzusetzen. Zunächst, so das Angebot des feindlichen Wortführers, sollte der Verwundete versorgt werden.

Das war nun allerdings gar nicht so einfach, denn seine Mutter, die für die Erstversorgung der Wunde zuständig gewesen wäre, saß im gegenüberliegenden ASTRA-Kino, in dem sie sich an jedem Donnerstagnachmittag einen Film ansah.

Was war zu tun? Eine Nachbarin lief zum Kino, das offiziell „Lichtspielhaus“ hieß, hinüber und ließ die Mutter aus der Vorstellung rufen.

Er wußte, wie seine Mutter reagieren würde und was er jetzt zu erwarten hatte: In Panik würde sie geraten und hysterisch schreien, denn Blut mochte sie nicht sehen. Jedenfalls nicht bei ihrem Jungen.

Als sie dann vor ihm stand, wunderte er sich über die gelassene Ruhe, mit der sie sich die Wunde ansah und entschied, mit ihm zum Arzt zu gehen. Kein böses Wort, keine Vorwürfe, keine Untersuchung der Schuldfrage, bei der ohnehin alle anderen in Betracht gekommen wären, nur nicht der eigene Sohn!

Der Arzt sah sich die Wunde an, schmierte eine braune Flüssigkeit hinein, die brannte, als hätte er ein Stück glühenden Eisens hineingedrückt, und sagte, er müsse die Wunde klammern und es werde mit Sicherheit eine große Narbe nachbleiben.

Und dann sagte der Doktor noch, das Ganze sei Glück im Unglück gewesen; denn wenn der Stein nur zwei Zentimeter tiefer geflogen wäre, hätte das Auge beschädigt werden können. Als der Arzt die Klammer setzte, die beide Seiten der offenen Wunde so gegeneinanderzog, daß sie wieder zusammenwachsen konnten, schmerzte das mehr als der Schlag, den ihm der Stein versetzt hatte.

Bei dem Versuch seiner Mutter, herauszubekommen, wer den Stein geworfen hatte, blieb er standhaft, weil er nicht wollte, daß sie dorthin ging und irgend jemandem Vorwürfe machte. Er hatte ja, wie der Doktor es formulierte, Glück im Unglück gehabt! Und er bestand darauf, daß er einfach Pech gehabt hatte. Hätte er sich nur eine Sekunde früher geduckt …

Wenn er darüber nachdachte, was Pech war, dann kam er nicht daran vorbei, an seinen Freund Detlev zu denken. Der war das, was man einen Pechvogel nannte, das heißt: Er war immer und bei jeder Gelegenheit der Dumme. Detlev und er waren unzertrennliche Freunde. Auch Klaus-Dieter gehörte dazu, aber der war kein Pechvogel, und außerdem kam er aus einer anderen Familie als Detlev. Nie wäre es seinen Eltern eingefallen, mit Klaus-Dieters Eltern eine Tasse Kaffee oder ein Glas Wein zu trinken, was mit Detlevs Eltern gelegentlich vorkam. Der Grund dafür lag darin, daß Klaus-Dieters Mutter rauchte. Sie war nach dem unerschütterlichen Urteil seiner eigenen Mutter eine „Smeukersche“. Das war ein vernichtendes Urteil, und mit „so was“ pflegte man keinen Kontakt. Wenn man sich auf einem Elternabend in der Schule begegnete, ging man sich nach einem kurzen, etwas gequälten Gruß aus dem Weg.

Mit Detlevs Eltern war das etwas anderes. Detlev war „standesgemäß". Das änderte aber nichts daran, daß Detlev etwas verschroben war und immerzu in alle nur möglichen Fettnäpfchen trat.

Nicht, daß Detlev keine Talente in die Wagschale seines jungen Lebens zu werfen gehabt hätte. Er konnte zum Beispiel täuschend echt das Krähen eines Hahns imitieren. Das war eigentlich noch nichts Schlimmes. Aber „Detsche", wie ihn die Klassenkameraden nannten, ließ sich leider von den anderen immer wieder provozieren, das auch ganz unvermittelt mitten im Unterricht zu machen oder während einer Klassenarbeit. Das wurde natürlich mit drakonischen Strafarbeiten geahndet. Während es den anderen immer wieder gelang, den Kopf rechtzeitig aus der Schlinge zu ziehen, fiel Detlev immer wieder herein und ließ sich erwischen.

Was er auch anfaßte: Es ging kaputt. Was er auch sagte: Es war stets das Falsche. Was er auch tat: Es schlug gegen ihn zurück. Welchen Streich er zusammen mit anderen auch ausheckte: Detlev wurde zum Sündenbock und gewissermaßen in Sippenhaft genommen.

Als sie einmal mit der ganzen Klasse in den Sommerferien in ein Kinderheim an der Ostsee gefahren waren, hatten die Jungen schnell herausgefunden, daß man vom Schlafsaal aus leicht auf ein Vordach hinausklettern konnte, das eine Veranda überspannte. Zehn Leute waren in der Nacht nacheinander auf das Dach gestiegen und hatten so ihre Mutprobe bestanden. „Detsche" war der elfte. Leider fiel hinter ihm das Fenster zu und verriegelte sich so unglücklich, daß es beim besten Willen nicht mehr zu öffnen war. Da saß der Ärmste nun fröstelnd in der dunklen Nacht draußen und konnte sich in aller Ruhe auf die Standpauke des Lehrers vorbereiten, der natürlich geweckt werden mußte, um den Ausgeschlossenen aus seiner mißlichen Lage zu befreien. Nur Detlev mußte – gewissermaßen kollektiv für alle – büßen; den anderen war ja nichts nachzuweisen.

Das war auch der Fall bei einem Mißgeschick, das dem armen Detlev im Schulgebäude an der Lutterothstraße widerfahren war. Die Klasse war auf dem Weg zum Zeichensaal, der über einen langen dunklen Gang führte. In der Mitte dieses Ganges ragte aus der Wand ein Wasserhahn, der sich aus seiner Verankerung gelöst hatte und nur noch durch das Bleirohr der Wasserleitung gehalten wurde.

Die Jungen, denen der Lehrer aufgetragen hatte, nicht zu rennen, sondern sich dem Saal schön „gesittet" im Gänsemarsch zu nähern, mußten die Stelle passieren. Der erste schlug mit der flachen Hand gegen den Messinghahn, daß der ein paarmal lärmend hin und her schepperte. Alle amüsierten sich und applaudierten. Der zweite in der Reihe wollte nicht dahinter zurückstehen. Er schlug nach dem Beispiel seines Vorgängers ebenfalls gegen den Messinghahn. Nur etwas kräftiger. So ging es bis zur Nummer 27; denn die Schulklassen waren nach dem Krieg sehr groß. Der 28. und letzte war Detlev, der den anderen hinterherdödelte und darauf versessen war, der Bewunderung seiner Klassenkameraden teilhaftig zu werden. Er nahm sogar einen Anlauf, krähte in seiner beliebten, unnachahmlichen Manier wie ein Hahn, damit auch alle merkten, daß jetzt er an der Reihe war, und versetzte dem goldglänzenden Objekt der Angriffsfreude einen so kräftigen Stoß, daß der Wasserhahn das vorher so viel Freude auslösende Scheppern einstellte und nur noch ganz bescheiden „Plopp" machte. Das wäre vielleicht noch zu vertuschen gewesen, hätte nicht in diesem Augenblick eine gewaltige Fontäne den Flur unter Wasser gesetzt. Und damit wurde die Aktion, von der bis dahin kein Lehrer etwas mitbekommen hatte, zu einem „öffentlichen" Vorgang. Als das Wasser schon wie ein kleiner Sturzbach über die Treppe plätscherte, lief das Lehrerkollegium aufgeregt zusammen, versammelte sich mit ernster Würde um das wasserspeiende Bleirohr und ließ nach dem Pedell suchen, der als einziger wußte, wo sich der Haupthahn befand.

Dann stand die unvermeidliche Frage im Raum: „Wer war das?" Ja, wer war das? Alle Augen richteten sich auf den Pechvogel, der ja als letzter vor dem Unglück Hand angelegt hatte. Irgendwie erregte Detlev das Mitleid der anderen, die sich wohl als Mitverursacher schuldig fühlten, die aber damit ihr Gewissen beruhigten, daß sie ja schließlich nicht die Auslöser des Spektakels waren.

Auch er, dessen Freund Detlev ja war, hatte ein schlechtes Gewissen. Aber nur ein ganz kleines! Er war schließlich ungefähr in der Mitte der Reihe marschiert.

Zum ersten Mal kam ihm in seinem jungen Leben der Verdacht, daß es nicht immer und überall gerecht zugeht auf dieser Welt.

Detlev wußte das auch. Und er hat es nach dem Fontänenpech noch viele Male am eigenen Leib erfahren müssen: Pechvögel gehören ein Leben lang zu dieser Spezies. Detlev wurde in der Klasse zum Inbegriff des Unglücksraben.

„Guck mal, was Papi mitgebracht hat …"

Winter 1947. Es war bitter kalt. Sobald er aus der Haustür herausgetreten war, hatte sich sein Atem in einen geheimnisvollen Nebel verwandelt. Die undursichtig-milchige Luft erinnerte ihn an Nienstedten, wohin seine Mutter in den Kriegsjahren häufig mit ihm gefahren war, um bei seiner Tante und den beiden Cousins zu übernachten. Sobald starke Bomberverbände im Anflug auf Hamburg gemeldet waren, wurden Soldaten aus der nahe gelegenen Kaserne herangefahren und zündeten an den Straßenrändern große Kanister, die sie „Nebelbomben" nannten und die das gesamte Vorstadtdorf – mehr war Nienstedten damals nicht – mit einer Nebelschicht überzogen, die ganz tief eingeatmet einen Hustenreiz auslöste und die, wenn man sich lange in ihr aufhielt, die Augen zum Tränen brachte.

Auf den Fensterscheiben wuchsen in diesen Wintertagen, die man später einmal den „Hungerwinter" nennen wird, bizarre Eisblumen, die sich über Nacht von unten nach oben ausbreiteten und die in umgekehrter Richtung wieder abtauten, wenn morgens der große Eisenofen in der Ecke des Wohnzimmers in Betrieb genommen wurde.

Betrieben wurde dieser Ofen mit Holzresten, die der Vater sackweise von der Baustelle mitbrachte, auf der er als Einschaler arbeitete. Wenn das Feuer angezündet worden war und von dem Holz Besitz ergriffen hatte, wurde schwarzglänzend-fettiges Brennmaterial nachgeworfen, das aussah wie verbranntes Kommißbrot. Ölkuchen sei das, hatte man ihm erzählt, und er begriff, daß es sich um irgend einen Rückstand bei der Gewinnung von Rapsöl handelte.

Das Zeug knisterte furchterregend und entfachte unter Verbreitung eines penetranten Geruchs, der sich in der ganzen Dreizimmerwohnung verbreitete, ein Höllenfeuer, das den kleinen Kanonenofen so heiß machte, daß man sich daran verbrennen konnte. Und manchmal ließ es ihn sogar rot glühen. Dann war es die höchste Zeit, das Feuer zu beruhigen, und die Erwachsenen rannten aufgeregt durch das sich schnell erwärmende Wohnzimmer, um irgendwas zu unternehmen. Da ihnen aber nichts einfiel, um das Ungetüm des Eisenofens zu bändigen, blieb es meistens beim aufgeregten Herumrennen. Mit Erstaunen stellte er fest, daß Erwachsene offenbar immer aufgeregt reagierten, auch wenn erfahrungsgemäß doch gar nichts zu machen war, um ein bedrohliches Ereignis zum Besseren zu wenden.

Überhaupt wunderte er sich manchmal, wie unvernünftig sich Erwachsene benehmen konnten, wenn sie aufgeregt waren, und wie unpräzise sie manchmal die Dinge benannten, die sie im Alltag umgaben. Zum Beispiel das Zimmer, in dem der Eisenofen unfreiwillig zum Glühen gebracht wurde.

„Wohnzimmer" war eigentlich nicht die richtige Bezeichnung für die „gute Stube", in der die Familie gar nicht wohnte, sondern die nur zu besonderen Anlässen benutzt wurde, weil die „Wohnküche" für bestimmte Familienrituale zu wenig repräsentativ war. Etwa wenn Besuch kam. Oder wenn der Vater ein paar Tage Heimaturlaub bekommen hatte und von der Front nach Hause gekommen war. Oder wenn Weihnachten gefeiert wurde, oder wenn Ostereier zu suchen waren, die der Osterhase mit Vorliebe in die Ritzen zwischen den Sitzkissen des weinroten Sofas legte. Dort wurden sie manchmal vergessen und erst wiedergefunden, wenn sie schon platt gesessen und zu einer klebrigen Masse verschmolzen waren. Die Mutter ließ das jedesmal einen spitzen Schrei ausstoßen, weil sie um ihre wohlgehüteten Kissenbezüge fürchtete, von denen sie voller Stolz behauptete, es handele sich um ein Hochzeitsgeschenk von irgendeiner Tante Lotte. Und die Kissen seien allein schon deshalb erhaltenswert. Ganz abgesehen davon, daß man eine solche „Vorkriegsqualität" heute kaum noch bekommen würde. Besonders nicht in diesem Winter, in dem nicht einmal ein Bruchteil dessen zu beschaffen war, was man zur Bewältigung des Alltags benötigte.

Kohlen zum Beispiel, die dringend gebraucht wurden, weil sich der auf dem Dachboden gelagerte Rapskuchen sichtbar seinem Ende zuneigte und die Familie in diesem Winter nichts mehr in Furcht und Schrecken versetzte als die vage Befürchtung, sich gegen die Kälte nicht mehr schützen zu können.

Sein Vater, von dem er gelernt hatte, daß man niemals etwas stehlen dürfe, und der selbst mit größter Verachtung von den „Schiebern" sprach, die sich durch allerlei sogenannte „Kompensationsgeschäfte" wirtschaftliche Vorteile zu verschaffen trachteten, hatte irgendwann die eigenen strengen Moralvorstellungen über Bord geworfen und das gemacht, was alle taten: Er ging auf nächtliche

Raubzüge zum Kohlenklauen. Natürlich gab er das dem Sohn gegenüber nicht zu. Wenn er lange nach Mitternacht vom Eidelstedter Verschiebebahnhof mit oder ohne Beute nach Hause kam, lag der Sohn schon schlafend in seinem Bett. Der aber hatte sich oft mühsam wach gehalten und lauschte neugierig an der Küchentür, wenn der Vater sogar mit einigem Stolz das Ergebnis seiner nächtlichen Raubtour präsentierte und – sofern er Briketts erwischt hatte – das kostbare Gut auf den Bodenkacheln vor dem Küchenherd aufstapelte.

In solchen Augenblicken mußte sich der Sohn eingestehen, daß er so etwas wie Angst um seinen Vater empfand. Nicht wegen der Verwicklungen mit der Polizei, die den Auftrag hatte, Kohlentransporte zu sichern. Damit fertig zu werden traute er seinem Vater durchaus zu. Sondern wegen der Gefahren, die das Entern von rollenden Kohlenwaggons mit sich brachte.

Erst vor wenigen Wochen war einer seiner Klassenkameraden, der nicht das Glück hatte, die im doppelten Wortsinn schmutzige Arbeit von einem Vater abgenommen zu bekommen, beim Überqueren von Eisenbahngleisen von einer Rangierlok zu Tode gequetscht worden. Der Lehrer hatte weinend vor der Klasse gestanden und die Tragödie verkündet. Wenn so etwas seinem Vater passieren würde, dachte der Junge immer und immer wieder, hätte er verloren, was er schon in den ersten Jahren seines jungen Lebens so schmerzlich hatte entbehren müssen.

Sein Vater war in dem Geschäft des Kohlenklauens nicht immer erfolgreich. Es mangelte ihm an dem Talent, sich immer und überall in die erste Reihe zu drängen. Manchmal ärgerte das den Sohn, weil er irgendwie spürte, daß es einen Mann daran hinderte, sich selbst in Szene zu setzen und das zu machen, was nach bürgerlichen Maßstäben eine „Karriere" war. Als er älter wurde, erkannte er, daß dieses eine der hervorstechendsten und liebenswertesten Eigenschaften eines großartigen Menschen war, den er um nichts in der Welt gegen einen anderen Vater einzutauschen bereit gewesen wäre.

Eines Nachts kam Vater Henry mit einem prall gefüllten Jutesack nach Hause. Bevor er den Inhalt in der Küche ausleerte, mußte er die Geschichte loswerden, die es dazu zu erzählen galt. Und weil es eine Erfolgsgeschichte zu werden schien, wurde der Junge aus dem Bett geholt, um der Freude über die „Beute" teilhaftig zu werden.

An diesem bitterkalten Februarabend waren die sehnsüchtig erwarteten Kohlenzüge aus dem Ruhrgebiet ausgeblieben. Statt dessen wurde ein halbes Dutzend verplombter Waggons auf eines der Rangiergleise geschoben. Einer der Männer hatte – nachdem er sich überzeugt hatte, daß die Polizei außer Sichtweite war – all seinen Mut zusammengenommen, eine der Plomben aufgebrochen und mit Hilfe der anderen die schwere Schiebetür geöffnet. In der Dunkelheit konnten sie nicht erkennen, was der Zug geladen hatte. Aber ihre in der eisigen Kälte steifgefrorenen Hände ertasteten, was sie in helle Aufregung versetzte: Pappkartons, in denen flache Tafeln gestapelt waren. Wie ein Lauffeuer verbreitete sich die Nachricht unter den Wartenden: Die Engländer hatten ihren Armee-Nachschub an Schokolade nach Hamburg geschickt, mit dem die Besatzungstruppen versorgt wurden. Das war eine allemal wertvollere Beute, als es Kohlen je hätten sein können. In ihrer Phantasie malten sie sich aus, wie viele hunderttausend Schokoladentafeln in einen Eisenbahnwaggon paßten. Und ein paar hundert davon wollten sie ihren Familien nach Hause bringen.

Der Junge hatte schon fest geschlafen, und es muß lange nach Mitternacht gewesen sein, als er langsam wach werdend wahrnahm, wie sein Vater mit schweren Schritten die Holztreppe hochgepoltert war. Gespannt lauschte er an der Tür, ohne diese auch nur einen Spalt weit zu öffnen; denn er wußte, daß die Eltern es nicht mochten, wenn er etwas von dem mitbekam, was nach ihrer Ansicht Sache der Erwachsenen war. Als ihn seine Mutter schließlich rief und ihn mit der Ankündigung „Guck mal, was Papi mitgebracht hat!" aufforderte, in die Küche zu kommen, stürmte er aufgeregt aus seinem kleinen Zimmer, das ihm die Eltern eingerichtet hatten, nachdem die Zwangseinquartierung nach dem Krieg aufgehoben worden war. Erwartungsvoll starrte er auf den prall gefüllten Jutesack, den sein Vater auf die schwarz-weiß gemusterten Fliesen vor dem Küchenherd abgestellt hatte. „Schokolade" flüsterte ihm seine Mutter mit geheimnisvoll-eindringlicher Stimme zu. Genüßlich schnürte der Vater das Hanfseil auf, mit dem er den Sack sorgfältig zugebunden hatte, um nur auf der Straße nicht etwas von der wertvollen Beute zu verlieren, die er den Besatzern abgejagt hatte. Er zog den Sack an den beiden Zipfeln am Boden in die Höhe und ließ Hunderte der kleinen flachen Kartons herauspurzeln. Dabei öffnete sich eine der

Schachteln, und bevor er noch begriffen hatte, was sich hier abspielte, erstarrte die bis dahin heitere Miene seines Vaters zu einem gequälten Ausdruck, der gleichermaßen Verärgerung darüber erkennen ließ, sich umsonst abgemüht zu haben, und Enttäuschung darüber, daß er die Erwartungen des Jungen nicht erfüllen konnte: Aus dem Karton fiel schöne weiße Tafelkreide, die zwar in der Schule dringend benötigt wurde, die aber natürlich nicht die schokoladigen Träume eines Zehnjährigen zu erfüllen vermochte. Enttäuscht ging er wieder ins Bett in dem Bewußtsein, am nächsten Morgen seiner Schule in der Lutterothstraße einen Dienst erweisen zu können und sich damit vielleicht einen kleinen Vorteil in der Gunst des Klassenlehrers zu verschaffen.

Am nächsten Morgen erlebte er dann eine weitere Enttäuschung, die alle Hoffnung auf einen exklusiven Auftritt vor der Klasse zunichte machte: Aus allen Himmelsrichtungen strömten Klassenkameraden herbei, und alle schleppten Tafelkreide heran. Jedenfalls wußte er jetzt, wessen Väter nächtens auch auf Kohlklau-Tour gingen.

Die Schule hat noch bis 1952 von der Beute der einen Nacht profitiert.

Ein Adamsapfel, eine Blindschleiche und ein brüllender Rektor

Das erste, was ihm an dem Mann auffiel, war ein riesiger, beim Sprechen lustig hüpfender Adamsapfel an einem viel zu dünnen Hals. Herr Schönfeld, der Rektor, war mit dem Mann in die Klasse gekommen und hatte den Schülern gesagt, das sei Herr Kobiella, der komme gerade aus dem Krieg und werde ab heute ihr Klassenlehrer sein.

Ein 28faches „Aaaach" wehte ihm entgegen, das wohl so etwas wie Unzufriedenheit ausdrückte. Denn obwohl Herr Schönfeld mehr als nach Ansicht seiner Schüler notwendig den Rohrstock tanzen ließ, mochten ihn die Schüler. Vielleicht empfanden sie es als sympathisch, daß sich Herr Schönfeld immer brüllend durch das Schulgebäude bewegte und sie auf diese Weise niemals überraschen konnte. Wie etwa das alte Fräulein Quedlin, das von den Schülern wegen ihrer schleichenden Annäherung und ihren dicken Brillengläsern „die Blindschleiche“ genannt wurde. Wenn in irgendeiner Ecke eine Gruppe von Schülern herumstand, näherte sie sich heimlich von hinten und stellte sich so auf, daß sie die Gespräche der Jungen belauschen konnte.

Fräulein Quedlin war eine höchst mißtrauische Person, von der sich die Schüler schikaniert fühlten und die viel Wert darauf legte, alleinstehend zu sein, was in ihm die Vorstellung festigte, „alte Jungfern“ seien eine unerträglich Rasse.

Fräulein Quedlin war so mißtrauisch, daß sie niemals glaubte, was ihre Schüler erzählten. Wenn einer eine gute Arbeit abgeliefert hatte, hob sie ihren hageren Vogelkopf, aus dem zwei stechende Augen hervorlugten, und piekste ihre spitze Nase in die Luft, als wolle sie hineinhacken, und behauptete, das könne nicht mit rechten Dingen zugegangen sein, und es sei sicher Mogelei im Spiel. Wofür der Betroffene denn auch mit unnachgiebiger Strenge verfolgt wurde. Schuldig oder nicht!

Er hatte sich oft über die „Blindschleiche“ geärgert und beschlossen, sein ganzes Leben lang keine Frau mit spitzer Nase und ohne Mann zu mögen.

Nun war da also der Herr Kobiella, den er von Anfang an mochte, weil der nicht – wie es der Herr Schönfeld getan hatte – „richtige Männer“ aus ihnen machen wollte, die gefälligst alles auswendig lernen sollten, was Herr Schönfeld ihnen in die Kladde diktierte. Und die im übrigen zu gehorchen hätten. Dazu gehörte es auch, artig den Kopf einzuziehen, wenn eine Ungerechtigkeit auf einen niederprasselte. Und vor allem galt es, Herrn Schönfeld als selbstverständliche Pflicht eines Schülers nie zu widersprechen.

Obwohl er von seiner Mutter zu Hause auch immer zu hören bekommen hatte, daß man den Lehrern nicht widersprechen dürfe, mochte er diese Regel nicht als unumstößlichen Glaubenssatz akzeptieren.

Er fand besser, was ihnen „der Neue“ zu sagen hatte: Gemeinsam mit ihnen etwas zu erarbeiten lautete seine Devise, mit ihnen zusammen ein Ziel zu erreichen und ihnen dabei den Möglichkeiten entsprechend Hilfestellung zu geben. Herr Kobiella hatte das so glaubwürdig als seine Aufgabe definiert, daß keiner der Jungen die Ernsthaftigkeit seiner pädagogischen Mission bezweifelte.

Vieles änderte sich in der Klasse mit dem Tag, an dem Herr Kobiella die Klasse – die erste seines Lebens, wie er immer wieder betonte, als wolle er damit um Entschuldigung für seine Unzulänglichkeiten bitten – betreten hatte. Es gab so viele Veränderungen, daß die Jungen sogar Spaß an der Schule zu entwickeln begannen.

Ihm fiel auf, daß Herr Kobiella im Turnunterricht immer alles mitmachte, was er von seinen Schülern verlangte. Er spielte sogar mit, wenn „Völkerball" auf dem Plan stand. Bewundernd stellten die Jungen fest, daß ihr Lehrer meistens alles besser konnte als sie selbst. Aber sie nahmen auch wahr, daß er durchaus seine gute Laune behielt, wenn ihm die Schüler mal überlegen waren.

Herr Kobiella versuchte mit großem persönlichen Engagement, der Klasse Gemeinschaftserlebnisse zu vermitteln. Er verstand es, die Eltern zu mobilisieren und jeden so einzusetzen, daß mit seinem Beitrag der größtmögliche Effekt erzielt wurde.

Die ersten Tagesausflüge führten die Klasse nach Moorwerder. Für die meisten Jungen war das eine Schiffsreise-Premiere, auch wenn die Fahrt gerade einmal eine Stunde dauerte. Am Deichtormarkt kletterten sie auf die „Hugo Basedow", die sie nach der Ferienkolonie schipperte.

Die „Hugo Basedow" war einer der letzten Raddampfer, die auf der Elbe verkehrten und die bis Hamburg fuhren.

1925 war das Schiff in Dresden gebaut worden. Aber schon zu diesem Zeitpunkt hatte sich das Antriebssystem mit Seitenrädern überlebt. Die Reeder setzten zunehmend auf Schraubendampfer, weil sich die Seitenradschiffe mit ihren ausladenden Radkästen nicht mehr bewährten.

Immerhin aber hatte die „Hugo Basedow" die Turbulenzen des Zweiten Weltkriegs auf der Route zwischen Lauenburg und Hamburg überlebt und verdiente sich ihr Gnadenbrot, indem sie Schulkinder vom Deichtor oder der Stadthausbrücke nach Moorwerder transportierte. Und das an jedem Morgen.

Das Abenteuer begann schon um sieben Uhr vor dem Schulgebäude in der Lutterothstraße: Weil es in den ersten Nachkriegsjahren zuwenig Busse gab, wurden die alten gelbgestrichenen Straßenbahnwaggons für Sonderfahrten eingesetzt und brachten die Klasse direkt zum Anleger. Jeden Morgen freuten sich die Jungen aufs neue, wenn sie aus dem Wagen herausstürmend darauf bedacht waren, auf dem Schiff die besten Plätze neben einem der gewaltigen Schaufelräder zu ergattern, wo man durch eine Glasscheibe beobachten konnte, wie die Schaufeln in das Wasser eintauchten und das Schiff kraftvoll elbaufwärts drückten.

Auch die Lüftungsöffnungen zum Maschinenraum, wo sich die Kolben stampfend bewegten und die dabei entwickelte Kraft auf die Antriebsräder übertrugen, waren die beliebtesten Beobachtungspositionen auf dem Schiff.

Ein besonderes Erlebnis, das er zusammen mit seinen Klassenkameraden jedesmal aufs neue genoß, war die Einladung des Schiffers, in den Fahrstand zu kommen und sich von ihm die Besonderheiten eines Raddampfers erklären zu lassen. Beeindruckt waren die Jungen, wenn ihnen der Rudergänger erzählte, worin die Kunst bestand, einen Raddampfer zu lenken. Mit einem Schraubendampfer, so hatte ihnen Johannes, den sie duzen durften, erklärt, könne man ein Anlegemanöver sehr viel leichter bewältigen. „Man dreht einfach das Ruder und holt das Schiff mit der Schraube ran. Mit einem Raddampfer ist das nicht möglich. Dies bedeutet: Man muß zuverlässige Matrosen haben, die die Leinen sicher über den Poller werfen und das Schiff gut befestigen können. Und man muß als Schiffsführer so sicher fahren können, daß man beim Anlegemanöver niemals mehr als einen Meter vom Ponton entfernt ist."

Die Jungen sahen ein, daß man dafür viel Gefühl für das Schiff brauchte, und bewunderten den Schiffer. Man müsse bei starker Strömung und steifem Wind, so hatte er ihnen noch gesagt, mit soviel Fahrt rangehen, weil der Dampfer sonst wegtreibt. Das Anlegemanöver muß deshalb immer auf Anhieb gelingen, sonst hat man eine „Ehrenrunde" zu drehen, etwa so, wie ein Flugkapitän durchstarten muß, wenn er die Landung beim ersten Anflug nicht hinbekommt.

Johannes bekam das Anlegemanöver jeden Morgen hin, obwohl sich die Jungen gewünscht hätten, ein einziges Mal zu erleben, was ihnen der Schipper so eindrucksvoll als vage Möglichkeit eines mißglückten Versuchs geschildert hatte.

Gegen neun Uhr legten sie an der Brücke vor der Ferienkolonie Moorwerder an.

Moorwerder – das war eine spannende Erfahrung. Natürlich war er schon weiter gereist, und sowohl das Riesengebirge als auch Bayern hatten einen großen Anteil daran, seine spätere Reiselust zu entwickeln. Davon aber ahnte er noch nichts.

Zunächst stand ja „Heimatkunde“ auf dem Lehrplan!

Moorwerder, so hatte sie ihr Lehrer gründlich vorbereitet, liegt dort, wo die Bunthäuser Spitze die Norderelbe von der Süderelbe trennt. Daß es die Elbe praktisch zweimal gab, hatte er zum erstenmal gehört. Er kannte ja immer nur die große breite Elbe bei Nienstedten, wo er von Zeit zu Zeit mit seinen beiden Vettern baden durfte, obwohl das Wasser immer ein wenig nach Öl roch. Das aber nahm er gern in Kauf und freute sich, wenn abends der grün-weiße Ausflugsdampfer „Jan Molsen“ die Elbe heraufkam und schöne hohe Wellen an den Strand spülte.

Herr Kobiella verstand es, den praktischen Anschauungsunterricht mit nicht zu vielen Informationen zu belasten. Das war in Ordnung; denn sie wollten ja in erster Linie Spaß haben. Und wenn man schon, so dachte er bei sich, ohne daß er gewagt hätte, das zu sagen, wenn man schon so früh aufstehen mußte, dann war allzuviel überflüssiges Wissen einfach lästig. Immerhin aber blieb einiges hängen, und wenn er später darüber nachdachte, dann hatte die Beharrlichkeit des Lehrers dazu beigetragen, in ihm ein Gespür für Heimatkunde und das Interesse für historische Entwicklungen zu wecken. Nie zuvor hatte er etwas von Preußen gehört. Jetzt erfuhr er, daß Preußen und Hannover einmal an der Elbe lagen und sich in einem „Wasserkrieg“ darum gestritten hatten, welcher Elbarm denn nun der „richtige“ war.

Daß die Erkundung der heimatlichen Besonderheiten mit mancherlei Wanderungen verbunden war, gehörte aus seiner Sicht zu den weniger erfreulichen Begleiterscheinungen einer Klassenreise. Denn längere Fußmärsche, auf denen Herr Kobiella unerbittlich bestand, waren ihm lästig. Und er beschloß, daraus keinen Hehl zu machen, was ihn teilweise bei dem Klassenlehrer in Ungnade fallen ließ.

Das zumindest war im Jahr darauf besser, als die Klasse Tagesausflüge nach Warwisch machte. Da gab es nicht viele Möglichkeiten für ausgedehnte Wanderungen. Dafür war das Haus, in dem die Jungen ihr Mittagessen bekamen, eine einfache Holzbaracke, die auf Stelzen stand, weil die Wiesen darunter bei Flut manchmal vom Elbwasser überspült wurden. Die Fußbodenbretter der Unterkunft ließen stellenweise breite Spalten offen, durch die man die Wiesen darunter sehen konnte. Das Ganze war eine sehr praktische Einrichtung; denn es gab jeden Tag abwechselnd Milch- und Erbsensuppe, die nach seiner Meinung – die von den anderen geteilt wurde – im Geschmack kaum voneinander zu unterscheiden waren. Da erwiesen sich die Fußbodenspalten als Glücksfall: In einem vom Lehrer unbeobachteten Augenblick konnte man durch sie die widerlich schmeckende Pampe unauffällig entsorgen. Wenn es die Elbe gut mit ihnen meinte und bei der nächsten Flut ein bißchen über ihren Normalpegel stieg, blieben nicht einmal Spuren zurück.

Er hatte später noch einige andere Klassenreisen erlebt: Nach Duhnen an der Elbmündung waren sie gefahren, Husum stand auf dem Programm, wo sie in der komfortablen Theodor-Storm-Jugendherberge übernachteten, und schließlich waren sie ins Kleine Walsertal gereist. Jedes Mal hatte Herr Kobiella seinen Schülern solche Fahrten zu einem besonderen Erlebnis werden lassen. Zwar mißfielen den Jungen die unvermeidlichen „Nachbereitungen", während die mit Vorfreude gepaarten Vorbereitungen hingenommen wurden. Auch kleinere Konflikte mit dem Lehrer blieben nicht aus. Insgesamt aber waren das Kleinigkeiten, und er war der Meinung, daß er Glück gehabt hatte mit Herrn Kobiella.

Nur ein einziges Mal hatte es ein „Gespräch unter Männern" gegeben, dessen Tragweite ihm erst sehr viel später klargeworden ist.

Herr Kobiella hatte ihn eines Morgens aufgefordert, nach der letzten Stunde ins Lehrerzimmer zu kommen, weil es etwas zu besprechen gab.

Bei der Ankündigung solcher Gespräche war immer Gefahr im Verzuge. Da er sich keiner Schuld bewußt war und er nichts nach Schulmaßstäben Strafwürdiges auf dem Kerbholz hatte, ging er mit einem mulmigen Gefühl in der Magengegend, aber auch neugierig, was man von ihm wollte, ins „Strafgericht". Herr Kobiella kam auch gleich zur Sache:

„Ich muß einfach mal mit dir sprechen. Ist dir eigentlich klar, daß du in letzter Zeit einen Durchhänger hast? Deine Leistungen sind auffallend schlechter geworden, und deine Aufmerksamkeit im Unterricht hat nachgelassen."

Er wußte das und blickte peinlich berührt zu Boden.

„Hast du Sorgen?", fragte der Lehrer. „Bedrückt dich etwas und möchtest du gern mit mir darüber sprechen? Wir werden für alles eine Lösung finden."

Wahrheitsgemäß antwortete er, daß ihn nichts bedrücke und daß er für das Nachlassen seiner Leistung keine Erklärung habe.

„Ist denn bei euch zu Hause alles in Ordnung?" fragte der Lehrer weiter. „Oder habt ihr da viel Krach?"

Die Frage wunderte ihn, denn Herr Kobiella kam zusammen mit seiner Frau, die er „Lütten" nannte, obwohl sie Helene hieß, des öfteren zu ihnen nach Hause, weil seine Mutter als gelernte Schneiderin gelegentlich für die Frau des Lehrers etwas nähte. Also konnte er doch ganz gut wissen, daß „zu Hause" alles in Ordnung war.

„Nein", antwortete er, „es gibt keinen solchen oder einen ähnlichen Grund für meine schlechten Arbeiten und meine mangelnde Aufmerksamkeit."

Weil er in diesem Punkt ein gutes Gewissen hatte, sah er dem Lehrer fest in die Augen und glaubte, die Unterredung sei damit beendet. War sie aber nicht, denn Herr Kobiella schoß eine Frage ab, die ihn zunächst verwirrte, dann empörte und schließlich lange nachdenken ließ.

„Wenn alles, was ich dich gefragt habe, nicht zutrifft", sagte Herr Kobiella, „dann bleibt ja nur noch eines: Hast du etwa eine Freundin?"

Die Frage traf ihn wie ein Keulenschlag. Natürlich hatte er keine Freundin. Nicht einmal mit dem Gedanken, eine haben zu wollen, hatte er je gespielt. Aber die Fragestellung löste in ihm eine folgenreiche Assoziation aus. Wenn der Lehrer nämlich überhaupt eine solche Frage stellte, dann mußte doch ein Zusammenhang bestehen zwischen Mädchen und schlechten Leistungen.

Tatsächlich hat er bald darauf die Erfahrung gemacht, daß alle Jungen in seiner Klasse, die sich als erste mit einem Mädchen „eingelassen" hatten, schlechte Schüler waren. Sicher hat diese Erkenntnis dazu beigetragen, daß er selbst das wurde, was man einen „Spätentwickler" nannte.

Furtwängler-Konzert gegen Kochkiste

Herr Pagel, ein etwas hagerer und ungepflegter Mann, hatte alles: von Zigaretten, über Nylonstrümpfe und Herrensocken bis hin zu Kochtöpfen, Hafenflocken und Butter. Nur eines hatte er nicht: einen guten Ruf. Die Leute aus der Nachbarschaft tuschelten, der Mann könne alles besorgen und sei ein Schieber. Als er einmal für ein paar Wochen nicht gesehen wurde, hieß es, er sei der Polizei bei einer Razzia auf dem schwarzen Markt in die Falle gegangen und für einige Zeit ins Gefängnis gesteckt worden.

Herr Pagel wohnte in dem Haus, in dem auch der alte Kriminalkommissar Ramming wohnte. Der hatte in den zwanziger Jahren den berühmten „Lord von Barmbeck" festgenommen. Aber das war für einen kleinen Jungen schon unvorstellbar lange her.

Jetzt war Herr Ramming ziemlich alt und kaute „Priem", wie die alten Männer ihren Kautabak nannten. Das wäre nicht weiter schlimm gewesen, hätte der Mann nicht immer auf dem Balkon gestanden und sich über das Geländer gelehnt, wobei ihm dann die unappetitliche braune Soße des Kautabaks aus dem Mund lief und unten auf das Straßenpflaster klatschte. Das fanden die Jungen eher komisch und machten sich darüber lustig. Was sie aber nicht verstanden, war die Tatsache, daß ein richtiger Kriminalkommissar und ein richtiger Schieber Tür an Tür wohnten und Herr Pagel unbehelligt seinen dunklen Geschäften nachgehen konnte, über die die Erwachsenen hinter vorgehaltener Hand tuschelten. Insgeheim aber bewunderten die Jungen beide; denn beide waren ja auf ihre Weise erfolgreich. Den Herrn Pagel bewunderten sie vielleicht ein bißchen mehr, weil er in einer Zeit, in der fast alle fast nichts hatten, auf Bestellung besorgen konnte, was man von ihm verlangte, wenn man nur Geld hatte. Einige behaupteten sogar, daß Herr Pagel die bei ihm auflaufende große Nachfrage nach Mangelware einfach durch Einbrüche befriedigte und deshalb auch ziemlich genau wußte, wo was zu holen war.

Herr Pagel hatte auch eine Tochter, die Karin hieß. Karin war ziemlich zickig, wie die Jungen aus der Nachbarschaft befanden. Auf der anderen Seite tat das Mädchen ihnen leid, weil alle Nachbarn schlecht über ihren Vater redeten. Die Jungen und ein paar Mädchen waren der Meinung – und er bestärkte sie darin –, man müsse nett zu Karin sein und sie nicht vom Spielen auf der Straße ausschließen. Jedenfalls wurde sie danach von Tag zu Tag netter.

Auch Karin hatte ihre Träume, und die träumte sie zusammen mit den anderen vor den Schaufenstern eines sonderbaren Geschäfts, das gleich nach dem Ende des Krieges in einem Laden Ecke Müggenkamp- und Sartoriusstraße eröffnet worden war. Zunächst ganz bescheiden mit nur zwei Schaufenstern. Aber nach und nach waren weitere Fenster hinzugekommen, bis das sonderbare Geschäft sich über die ganze Fassade des Eckhauses ausgebreitet hatte. Über der Eingangstür stand in großen Buchstaben TAUSCHZENTRALE.

In den Fenstern war alles zu bestaunen, nach dem sich die Kinder die Nasen an den Scheiben platt drückten.

Er hatte seit langem den sehnlichsten Wunsch, ein Akkordeon zu besitzen, das größer war als das, auf dem ihm Herr Seehafer seit drei Jahren Unterricht gab. Oder, wenn es das nicht sein konnte, sollte es wenigstens eine elektrische Eisenbahn sein. Eine mit einer Schnellzuglokomotive, deren Radgestänge sich unvorstellbar schnell bewegte, wenn man den Drehknopf an einem kleinen Kasten, den sie „Transformator" nannten, ganz weit nach rechts drehte.

Andere hatten andere Wünsche: Walter hätte gern einen Stabilbaukasten mit so vielen durchlöcherten Metallteilen, Schrauben und Muttern, daß man damit einen Kran bauen konnte.

Marion, die sie immer „Pißpott" nannten, weil ihre dunklen Haare zu einem ziemlich doofen Bubikopf zurechtgestutzt waren, als habe man ihr einen Nachttopf über den Kopf gestülpt und dann unter dem Rand alles abgeschnitten, was darunter herauslugte, wünschte sich eine im Schaufenster ausgestellte Puppe, auf der irgendwas von einer Schildkröte stand. Vor allem aber konnte er Marion deshalb nicht ausstehen, weil sie ihn einmal unter dem Vorwand, ihm zeigen zu wollen „wie Küssen geht", aus purer Bosheit in die Lippe gebissen hatte. Allein schon, weil ihn Marion in die Lippe gebissen hatte, wodurch er eine furchtbare Schwellung bekommen hatte, gönnte er ihr die Puppe unter keinen Umständen. Denn er hatte damals seiner Mutter gegenüber die Schwellung verheimlichen müssen, weil die ihn bestimmt nach der Ursache gefragt hätte. Er war fest entschlossen, im Ernstfall etwas zu erfinden, um nicht die peinliche Wahrheit ans Licht kommen zu lassen. Darunter hatte er sehr gelitten, weil er seine Mutter noch nie belogen hatte.

Den unbescheidensten Wunsch hatte Harry Bokler: Eine riesige Burg mit zu Pferd kämpfenden Rittern war das Objekt seiner Begehrlichkeit. Harry war ein rothaariger Junge, der bei seiner Oma lebte, weil seine Mutter bei seiner Geburt gestorben war.

Daß Harry unbedingt eine Ritterburg mit furchterregenden Kämpfern haben wollte, um „Krieg zu spielen", muß irgendwie in seiner Natur gelegen haben; denn Harry war von allen Klassenkameraden der größte Scharfmacher. Wenn „Klassenkloppe" angesagt war, führte Harry seine Leute ins Gefecht. Auf dem Weg zum auserkorenen Kampfplatz brachte er die anderen mit anfeuernden Sprüchen wie „Leute, lockert schon mal die Ledergürtel!" gehörig in Stimmung. Nur, wenn es dann zur Sache ging und sich herausstellte, daß die Gegner in der Überzahl waren, weil sie noch ein paar Jungen aus einer höheren Klasse angeheuert hatten, dann war Harry plötzlich nicht mehr da und hatte als erster den Rückzug angetreten. Er hatte jedesmal schon die Walstatt verlassen, bevor die Sache richtig losging.

Dennoch gab es kaum einen unter den Jungen, der Harry die Gefolgschaft versagte. Das Interesse der anderen lenkte er – ohne daß es dazu einer Anstrengung von seiner Seite bedurft hätte – durch seinen Onkel Dolf auf sich, mit dem er zusammen in einer Wohnung bei der Großmutter lebte. Onkel Dolf war dadurch interessant, daß er eine Brille mit einem für sein Gesicht viel zu großen schwarzen Gestell trug. Er brauchte das, wie Harry den anderen erklärte, um seine Wichtigkeit als Künstler zu unterstreichen. Onkel Dolf war nämlich Musiker und leitete die Kapelle im Hansa-Theater. Einmal hatte er die Freunde von Harry zu einer Nachmittagsvorstellung eingeladen. Die Jungen hatten brav applaudiert, wenn Pudel Handstand machten, Wellensittiche eine Leiter hochkletterten und silberfarben angemalte Menschen Verrenkungen machten, die sie wie ein merkwürdiges Knäuel aus Draht aussehen ließen.

Den bescheidensten aller Wünsche hatte Elke, die im Schaufensterparadies der Tauschzentrale einen schwarzen Zauberstab entdeckt hatte, der zu einem geheimnisvollen Zauberkasten gehörte. Elke war ein schlaues Mädchen und meinte, auf den Kasten ganz verzichten zu können. Denn wenn sie nur den Zauberstab hätte, würde sie sich mit dessen Hilfe ohnehin alle Wünsche erfüllen können.

Diese entlarvende Aussage bestärkte ihn in der Ansicht, die er auch später niemals korrigierte, daß Mädchen nicht nur findiger waren als Jungen, sondern auch viel gieriger und immer alles auf einmal wollten.

So hatten sie alle ihre Träume, von deren Erfüllung sie durch nichts als eine Glasscheibe getrennt waren, wenn sie die Auslagen der Tauschzentrale bestaunten. Die Sache hatte nur einen Haken: Nichts von dem, was in der Tauschzentrale lag, war für das mühsam ersparte Taschengeld zu haben, sondern neben jedem der ausgestellten Gegenstände lag ein kleines Schild, auf dem fein säuberlich geschrieben stand, zu welchen Bedingungen sich der Eigentümer davon trennen wollte, für was er ihn also zu tauschen bereit war.

Für die elektrische Eisenbahn, die er in seiner kindlichen Phantasie für sich reserviert hatte, und die er sich so sehr wünschte, daß sie ihm schon in seinen Träumen erschien, erhoffte sich jemand eine Couchgarnitur mit der Spezifizierung „möglichst dunkelgrün".

Der Stabilbaukasten, mit dem Walter liebäugelte, stand für einen Kinderwagen mit Regenabdeckung zum Tausch.

Für Marions Puppe erhoffte sich eine Anbieterin ein weißes Hochzeitskleid.

Am teuersten war Harrys Ritterburg, deren Reiterheer und das riesige Fußvolk, von dem nur wenige Figuren aufgestellt waren, das aber dem Hinweis auf dem Zettel zufolge aus „mehr als 140 Teilen" bestand. Dafür sollten ein Klavier und klassisches Notenmaterial abgeliefert werden.

Ein Klavier, so dachte er, würde ihm auch gefallen, eigentlich sogar mehr als die elektrische Eisenbahn. Aber er traute sich nicht, das seinen Eltern zu sagen. Er wußte ja, er würde sie damit überfordern. Sie hatten ihm ja schon ein kleines Akkordeon gekauft, und sein Vater hatte ihm fest versprochen, daß er ein größeres bekommen würde, sobald dafür das Geld vorhanden wäre.

Auf die Frage, wie teuer denn so ein Instrument wohl wäre, hatte ihm die Mutter gesagt, die offenbar schon Erkundigungen eingezogen hatte, auf dem schwarzen Markt müsse man dafür wohl um die zehntausend Reichsmark bezahlen. Seine Mutter, deren Denken immer aufs Praktische ausgerichtet war und die ihn manchmal mit ihrem pädagogischen Engagement nervte, verband die Erörterung des Akkordeonpreises sogleich mit einer lästigen Rechenaufgabe: Dein Papi verdient als Zimmermann auf dem Bau in der Woche

165 Reichsmark, im Akkord ein bißchen mehr. Wenn wir davon 30 Mark für ein Musikinstrument zurücklegen können, wie lange würde es dann wohl dauern, bis ...".

Er ließ seine Mutter die Frage nicht zu Ende stellen und bemerkte einschränkend, die Sache sei ihm vielleicht doch nicht ganz so wichtig. Er wußte ja, daß sich sein Wunsch auf lange Zeit nicht erfüllen konnte. Unwillkürlich mußte er dabei an Herrn Pagel denken, der sicher imstande wäre, ein Akkordeon zu beschaffen. Aber, so hatte seine Mutter immer wieder unmißverständlich festgestellt: „Mit solchen Leuten wollen wir nichts zu tun haben!" Fragend blickte sie den Vater an, als erwarte sie eine Bestätigung ihres unumstößlichen Verdikts. Sein Vater aber enthielt sich der Stimme und blickte beharrlich weiter in seine Zeitung.

Ach ja, die Zeitung: Sie war in dieser Zeit eine unerschöpfliche Fundgrube für allerlei Wissenswertes. Seit er lesen konnte, hatte er immer mal hineingeschaut und fand manches, besonders das auf den hinteren Seiten, auf denen die Anzeigen standen, sehr komisch. Auch wenn er vieles nicht recht verstand, so begriff er doch, daß auch durch die Zeitung viele Menschen etwas suchten, was ein anderer vielleicht hatte. Auf diese Weise lernte er, den Wert von Gebrauchsgegenständen einzuschätzen, und er lernte, daß die Menschen höchst unterschiedliche Interessen hatten. Der Lehrer hatte in der Schule darüber gesprochen, daß es dabei eigentlich nicht um den tatsächlichen Wert ging, sondern um die „Wertschätzung", die den Dingen entgegengebracht wurde. Und er lernte, daß sich solche Bewertungen mit der Situation, in der man lebt, ändern können. „Relativ" nannte das der Lehrer und gebrauchte für diese merkwürdige Erscheinung ein Wort, das er zum ersten Mal hörte. Er lernte auch, daß „Furtwängler" ein berühmter Dirigent war und daß man durch eine Zeitung für zwei Konzertkarten eines Furtwängler-Konzerts eine selbstgebastelte Kochkiste mit einem aus einem Wehrmachtsstahlhelm geformten Eisentopf bekommen konnte. Als er zehn Jahre älter geworden war und sich von seinem als Amateurmusiker verdienten Geld hin und wieder eine Konzertkarte kaufte, gab niemand mehr seine teuren Musikhallen-Karten für eine Kochkiste her, schon gar nicht für eine Selbstgebastelte. Die meisten wußten nicht einmal mehr, wozu man eine Kochkiste brauchte und wie sie zu bedienen war.

Die meisten wußten aber wahrscheinlich auch nicht, was ein Furtwängler-Konzert war.

Er selbst wurde an die Geschichte erinnert, als er auf dem Dachboden in einem Karton herumwühlte, in dem auch ein paar alte Zeitungen lagen. Er genoß die darin enthaltenen „Kindheitserinnerungen", in denen er sich festlas.

Er liebte Dachböden, auf denen Gerümpel herumlag, seit er einmal unter dem Dach im Haus seines Großvaters ein Buch gefunden hatte, an dem sein Herz gehangen hatte. „Heines sämtliche Werke" stand auf dem dunkelgrünen Umschlag, und darüber lächelte einer der schönsten Engel, die er je gesehen hatte, mit einer Harfe.

In derselben Kiste mit den Zeitungen fand er jetzt auch eine kleine Holztafel, in die mit einem glühenden Werkzeug ein Sechszeiler eingebrannt war. Er erinnerte sich, daß man solche an die Wand zu nagelnden Tafeln in der Zeit vor der Währungsreform in Andenkenläden kaufen konnte. Diese war zwar nie aufgehängt worden, aber irgend jemand in der Familie hatte das witzig gefunden, und so war es denn in der Erinnerungskiste gelandet. Der Spruch darauf war auf die Zeit zugeschnitten und lautete:

„Wer heut sein Leben liebt,
der schiebt.
Wem Ehrlichkeit im Blute rauscht,
der tauscht.
Wem beide Wege sind verbaut,
der klaut."

Auf der Anzeigenseite mit dem Furtwängler-Angebot las er auch sonst noch einiges, was ihm zehn Jahre später als unvorstellbar erschien: Da gab es eine Heiratsannonce, mit der eine Hamburgerin einem „Heimkehrer" ein neues Zuhause anbot und sich dem Kandidaten dadurch schmackhaft machte, daß sie wissen ließ: „Hausrat und Winterkartoffeln vorhanden!"

Dann fand er auf der Seite noch eine interessante „Druckfehlerberichtigung", die ihn vor allem deshalb interessierte, weil er selbst nach der mittleren Reife in eine Schriftsetzerlehre gehen wollte und dann am eigenen Leib erfahren würde, wie in dem Metier manchmal der Druckfehlerteufel zuschlägt. Da hatte eine „junge Frau mit Kino" ihre Heiratswilligkeit signalisiert. Die Zeitung, in der die Anzeige erschienen war, berichtete einige Tage später, rund 800

Zuschriften seien eingegangen. Allerdings habe sich das Interesse heiratsbereiter Männer erheblich reduziert, als die Zeitung einen bedauerlichen Fehler zugeben mußte: Nicht eine Frau mit Kino bot die Ehe an, sondern eine Frau mit Kind.

Schöne Bescherung mit „Gretileins Krücke“

Immer wieder hatte er mit Manfred, seinem Freund aus der Nachbarschaft, vor dem hohen Zaun gestanden, an dem einige Bretter ausgespart waren. Durch die Öffnungen konnte man riesige Betonbecken sehen, in denen sich knietiefes schmutziges Wasser angesammelt hatte. Hier also sollten Hamburgs erste „Wolkenkratzer“ gebaut werden. Die Besatzer hatten sich das ausgedacht, und sie hatten die Jungen dabei ganz auf ihrer Seite. Wolkenkratzer – das war etwas, das sie nur von Bildern kannten, auf denen New York gezeigt wurde. Wolkenkratzer in Hamburg – das war der Aufbruch in die Zukunft, die für die Jungen nach den Jahren der Zerstörung einen Hauch von Hoffnung brachte, daß ihnen im wahrsten Wortsinn Großes bevorstand. Um so größer war die Enttäuschung, daß es zunächst nicht so recht voranging. Die Briten, die Hamburgs Hochhäuser ursprünglich ihren Offizieren zugedacht hatten, überlegten sich die Sache anders, und lange Zeit wußte niemand, ob das Bauprojekt überhaupt noch einmal zu Ende gebracht werden würde. Das änderte aber nichts an seinem Wunsch, eines Tages in einem solchen Hochhaus wohnen zu dürfen. Er konnte ja nicht ahnen, daß sich seine Ansichten über wünschenswerte Wohnformen im Laufe seines Lebens noch etliche Male ändern würden.

1948 sollte für ihn ein ereignisreiches Jahr werden. Der aufregendste Monat war der Juni. Zwei große Ereignisse standen bevor, die für ihn von großer Bedeutung waren und die seine Gedanken beherrschten. Er vermochte kaum zu sagen, welches der beiden Ereignisse er als das wichtigere betrachtete. Zwei seiner größten Wünsche sollten wahr werden; von der Erfüllung des einen erfuhr er erst im Sommer. Auch seine Eltern hatten die Entwicklung nicht voraussehen können, die damit zusammenhing, daß es 1948 neues Geld gab und damit plötzlich fast alles das zu kaufen war, was bis dahin als unerfüllbarer Traum in weiter Ferne gelegen hatte.

Der andere Wunsch aber sollte sich im Juni erfüllen: Eine kleine Schwester sollte er bekommen.

Das war für ihn eine aufregende Sache. Zwölf Jahre lang war er allein gewesen, hatte die ganze Aufmerksamkeit seiner Eltern genossen, und er konnte sich nicht so recht vorstellen, wie es sich anfühlte, wenn man die Aufmerksamkeit und alles andere teilen mußte. Aber er war bereit, dieses Opfer für eine kleine Schwester zu bringen. Zu oft hatten sie zu Hause darüber gesprochen. Schon in den Kriegsjahren. Seine Mutter hatte immer gesagt, da der Papa an der Front kämpfen müsse, sei sein sehnlichster Wunsch nicht zu erfüllen. Sie sagte nicht, daß ein zweites Kind für sie in den Bombennächten eine zu große Belastung sei und sie schon genug damit zu tun habe, den einen über die schwere Zeit hinwegzubringen.

Jetzt war alles besser geworden, und die Familie wartete auf den Zuwachs.

Er war davon überzeugt, daß es eine kleine Schwester werden würde, obwohl ihm seine Mutter erklärt hatte, daß man das nie so genau wissen könne. Was ihm an der ganzen Prozedur des Kinderkriegens mißfiel, war die Rigorosität, mit der ihn seine Eltern von der Namensfindung für den Nachwuchs ausschlossen.

Jutta sollte das Baby heißen. Basta!

Dabei hatte es eine unendlich lange Vorbereitungszeit gegeben, in der über das Thema immer wieder gesprochen wurde.

Einige Wochen vor Weihnachten hatte er sich die Lebensmittelkarte seiner Mutter genau angesehen, auf die ein Wort gedruckt war, das er nicht kannte. Was ein „Schwanker" sei, wollte er wissen. Seine Mutter hatte ihm erklärt, daß er nicht genau hingesehen habe und es „Schwanger" heiße.

Spätestens jetzt sah sich seine Mutter in die Pflicht genommen, mit dem Märchen vom Klapperstorch aufzuräumen, an das er schon längst nicht mehr glaubte, und sie erklärte ihm sehr umständlich, was man über das Kinderkriegen wissen mußte. Artig und mit angestrengter Aufmerksamkeit hatte er ihr zugehört und sich nicht getraut, ihr zu erzählen, daß er das alles längst von seinen Kusinen in Lübeck wußte. Die hatten ihm sogar erzählt, wie das Kind, das aus dem Bauch kommt, erst mal da hineingelangt ist. Jedenfalls so ungefähr, aber so realistisch, daß er ständig zwischen dem Wunsch schwankte, es so schnell wie möglich selbst einmal zu probieren, und dem, mit der ganzen, sicher sehr anstrengenden Sache lieber nichts zu tun haben zu wollen.

Bis zur Ankunft der kleinen Schwester hatte er noch ein paar Monate Zeit. Zunächst stand das Weihnachtsfest vor der Tür.

Mitte Dezember war die Meldung durch die Presse gegangen, daß in diesem Jahr in Hamburg eine allgemeine Zuteilung von Weihnachtskerzen nicht möglich sein werde. Das geringe vorhandene Kontingent, so hieß es, solle der Deutschen Hilfsgemeinschaft, Krankenhäusern und sozialen Einrichtungen zugute kommen.

Es würde also ein Weihnachtsfest ohne Kerzenglanz sein. Das war für ihn eine gerade noch hinnehmbare Enttäuschung. Er war vielmehr gespannt, mit welchen Geschenken er rechnen konnte. Sein Vater hatte oft abends lange allein in der Küche zugebracht, und er hoffte, daß ihm der Vater etwas basteln würde. Ein Speicherhaus hatte er sich gewünscht und vielleicht dazu ein Frachtschiff mit richtigen Ladeluken. Die Arbeiten dazu fanden in den Nachtstunden statt, jedenfalls aber, wenn er schon ins Bett geschickt worden war.

Wenn sie abends alle zusammen am Küchentisch saßen und sein Vater die eingerollten Tabakblätter, die er im Garten eines Freundes mit viel Liebe hochgezogen hatte, mit einem Küchenmesser in Scheiben zerlegte, um pfeifengerechte schneckenähnliche Gebilde zu bekommen, hellte sich im gleichen Maße die Stimmung auf, in dem sich die Atemluft verschlechterte. Es war dem Jungen ein Rätsel, wie man einen derartig stinkenden Dunst in sich hineinsaugen konnte. Seine Mutter hatte schon mehrfach einen vorsichtigen Versuch unternommen, ihren Mann zu bekehren, und erzählte, in der Zeitung habe sie eine Notiz gelesen, mit der alle Kleingärtner in der Bizone aufgefordert seien, ihre Tabaksamen für die industrielle Ölgewinnung abzuliefern. Aus dem Ertrag eines Hektars, so war da zu lesen gewesen, könne man 330 Liter nikotinfreies Speiseöl mit Nußgeschmack gewinnen und dazu noch 670 Kilogramm Ölkuchen als Kraftfutter für die lieben Haustiere.

Solche Zahlenspielereien ließen seinen Vater unbeeindruckt. Er reagierte eher störrisch, wenn er von seiner Frau die Mahnung entgegennehmen mußte, doch gefälligst auf „den Knaster“ zu verzichten. Nicht einmal zu Weihnachten ließ sich der Vater davon abbringen.

Zum Fest der Liebe war überhaupt oft Knies angesagt. Zwar lief die Adventszeit meistens noch friedlich, besonders jetzt, wo ein Baby unterwegs war. Aber die Vorbereitungen auf den Heiligen Abend waren immer sehr hektisch. Besonders, weil grundsätzlich nachmittags um drei Uhr, wenn schon alle Essensvorbereitungen abgeschlossen waren und der Tisch mit den Geschenken schon auf seine Abnehmer wartete, noch kein Tannenbaum da war, der geschmückt werden konnte.

Soweit er sich zurückerinnern konnte – und das waren genaugenommen nur die paar Jahre, nachdem sein Vater aus der Gefangenschaft zurückgekehrt war –, wurde der Weihnachtsbaum jedesmal zum Gegenstand heftigster Auseinandersetzungen, und das nur, weil sein Vater ein überaus sparsamer Mann war.

Das Ritual, das regelmäßig den Tränen voranging, war etwas, auf das man sich immer verlassen konnte, und es war jedesmal derselbe Dialog, der den Krach einleitete.

Sie: „Du, Henry, es ist schon spät, und wir haben noch keinen Baum."

Er: „Ja, Gretel, ich mache mich gleich auf den Weg."

Sie: „Nein, nicht gleich, sondern sofort. Es ist schon spät, und die Händler fahren sicher jetzt schon nach Hause."

Er: „Ich habe gestern einen gefragt. Der bleibt heute bis fünf."

Sie: „Und wenn der schon alles verkauft hat?"

Er: „Hat er nicht. Irgendeiner bleibt immer übrig."

Sie: „Ja, weil den keiner haben will. Und du bringst dann wieder irgend so eine Krücke nach Hause."

Er: „Der im letzten Jahr war doch in Ordnung. Warum meckerst du schon vorher? Warte es doch mal ab!"

Sie: „Denk doch mal an den Jungen. Für den wäre es doch eine Katastrophe, wenn wir keinen Baum hätten."

Er: „Ja, ja, ich geh ja schon."

Sie: „Binde einen Schal um und setze eine Mütze auf!"

Er: „Ich trage nie eine Mütze. Und einen Schal brauche ich auch nicht."

Sie: „Dann bist du am ersten Weihnachtstag wieder krank. Wie im letzten Jahr!"

Er: „Ich war nicht krank, ich habe nur etwas gehustet."

Sie: „Ja, das kam hauptsächlich von der Kälte. Aber auch vom Rauchen!"

Er: „Hör doch mal auf mit dem ewigen Gemecker!“

Die Fronten waren damit fürs erste geklärt. Die kriegführenden Parteien hatten ihre Stellungen bezogen. Einer weiteren Strategie bedurfte es nicht; denn die Schlacht wurde jedes Jahr nach demselben Muster geschlagen.

Die Tür fiel ins Schloß, und er hörte, wie sein Vater die Holztreppen mit den hohen Stufen hinunterstapfte.

„Gib lieber 'ne Mark mehr aus“, rief die Mutter noch ins Treppenhaus. Aber das hatte der Vater nicht mehr gehört. Wie er überhaupt über das beneidenswerte Talent verfügte, die Ohren einfach zuzuklappen, wenn er etwas nicht hören wollte.

Im Radio spielten sie „Süßer die Glocken nie klingen“ und noch ein paar Lieder, die er nicht kannte. Vielleicht hörte er auch nicht genau hin. Denn er preßte sein Ohr an den Briefkastenschlitz der Wohnungstür, durch den ein eisiger Wind zog, um nur nicht die Rückkehr des Vaters zu versäumen und der Mutter seine Rückkehr mit der lapidaren Ankündigung „er kommt!“ rechtzeitig zu melden.

Es dauerte auch nicht allzu lange, da regte sich unten am Eingang etwas. Dann hörte er, wie die schwere Holztür ins Schloß fiel, und kurz darauf vernahm er die Schritte seines Vaters, der schwerfällig die Stufen hochstieg. Vor allem aber lauschte er beglückt dem deutlichen Rascheln, das entstand, wenn die Zweige eines Tannenbaums an den metallenen Gitterstäben des Treppengeländers entlanggezogen wurden. Das unverkennbare Geräusch signalisierte ihm, daß sein Vater mit seinen Einkaufsbemühungen erfolgreich gewesen war. Und die Art, wie er die Luft durch die Lippen stieß, nicht richtig pfeifend, sondern durch unterschiedliche dumpfe Tonbildung die Ansätze einer Melodie andeutend, sollten wohl so etwas wie Zufriedenheit mit dem Kauf ausdrücken.

Als der Vater zur Tür hereinkam, hatte die Mutter gerade das Wohnzimmer verlassen, wo sie eine ganze Zeitlang am Fenster gestanden hatte, und sagte mit spitzen, in einen vorwurfsvollen Blick verpackten, unheilschwangeren Ton:

„Die Behrendsens von gegenüber haben schon die Kerzen angezündet. Warum schaffen wir das nicht einmal früher?“

Dann blickte sie, ihre ohnehin schmalen Lippen zu einem einzigen Querstrich zusammengezogen, auf den Weihnachtsbaum, den ihr der Vater von der schönsten Seite präsentierte.

„Dreh ihn doch mal um!“ forderte sie mit gebieterischem Ton. Zögernd und ganz langsam kam der Vater der Aufforderung nach, denn das Procedere war in jedem Jahr das gleiche und alle wußten, was jetzt unweigerlich geschehen würde: Die Mutter brach in Tränen aus, und der Vater versuchte sie mit dem Hinweis zu beschwichtigen, er habe vor der Tür noch eine ganze Handvoll erstklassiger und gut erhaltener Zweige liegen. Sie solle nicht jammern; in einer halben Stunde werde sie den schönsten Baum sehen, den sie in ihrem Leben je zu Gesicht bekommen habe.

„Doch nicht diese krumme Krücke mit den kahlen Stellen“, sagte die Mutter schnippisch. „Warum mußt du immer als letzter einen Baum kaufen, wenn die guten schon alle weg sind und die Händler dir nur noch den Ramsch andrehen?“

„Gretilein“, sagte sein Vater – und der Junge wußte aus leidvoller Erfahrung, daß Gefahr im Verzuge war, wenn der Vater seine Frau im Diminutiv anredete – „ach Gretilein, ich hab' ihn doch für nur einen Heiermann bekommen und noch die schönen Zweige gratis dazu.“

Dann ergriff er den Baum und trug ihn, nicht ohne vorher noch eine selbstgerollte Zigarre eingesteckt zu haben, auf den Dachboden, wo er sein Handwerkszeug wohlgeordnet über einer kleinen Hobelbank aufbewahrte.

Bald darauf hörte man ihn im Bodenraum über dem Schlafzimmer emsig sägen und hämmern. Nach einer knappen halben Stunde kam er in die Wohnung zurück und stellte seinen Baum stolz mitten in das Wohnzimmer.

„Na, Gretilein“, fragte er triumphierend, „ist das ein Prachtstück?“

Die Mutter sah sich den Baum kritisch von allen Seiten an und mußte zugeben, daß sie kaum noch Einwände geltend machen konnte. Schnell legte sie die Kästen mit der Tannenbaumdekoration zurecht, um nicht noch etwas sagen zu müssen. Die Zeit bis zur Bescherung drängte.

So schnell aber gab der Vater sein kunsthandwerkliches Meisterstück nicht her. Ein bißchen gelobt werden wollte er schon noch. Er schob den Baum in den Lichtkegel der Wohnzimmer-Stehlampe und drehte den Baum genüßlich einmal um seine Achse.

„So einen Baum wie du hat keiner in der Nachbarschaft“, sagte er in der Hoffnung auf Zustimmung, „eine Seite einfache, aber sattgrüne Tanne, die andere Seite, die der Liebe Gott ein wenig spärlich hat wachsen lassen, dank menschlicher Handwerkskunst edelste Blautanne. Und hier an der Seite noch ein Kiefernzweig mit echten Tannenzapfen.

Das sah nun wirklich gar nicht so schlecht aus.

Auch „Gretilein“ verschlug es die Sprache. Sie schien mit sich selbst, mit der Welt und ihrem Mann und vor allem mit dem Weihnachtsbaum zufrieden.

Der große Geschenketisch, den sie für den Jungen aufgebaut hatten, erfüllte alle Wünsche. Allerdings mußte er sich eingestehen, daß er abends nicht so ganz bei der Sache war und sich bei dem obligatorischen Vortrag seines Weihnachtsgedichts ein paarmal verhaspelt hatte. Seine Gedanken konzentrierten sich ganz auf die Ereignisse, die das bevorstehende Jahr bringen sollte.

Gisela und andere Attraktionen

Zu berichten ist von Niendorf an der Ostsee. Dort gab es das auf der Seite liegende Schiffswrack der „Cap Arcona“, dessen gewaltiger Rumpf wie ein Riesenwal aus dem Wasser der Lübecker Bucht herausragte, ohne daß die Jungen auch nur die geringste Ahnung hatten, unter welchen dramatischen Umständen das Schiff gesunken war. Und dort gab es ein „Hamburger Kinderheim“, in dem seine Eltern ihm einmal im Jahr in den großen Ferien einen Erholungsaufenthalt spendierten, obwohl es ihnen nicht leichtfiel, das Geld dafür aufzubringen.

Daß der Aufenthalt in Niendorf immer in den Schulferien stattfand, schmälerte sein Vergnügen daran nur unwesentlich, obwohl er der Meinung war, daß der Erholungseffekt in der Schulzeit ungleich größer gewesen wäre.

Im Niendorfer Kinderheim gab es eine Reihe von Attraktionen, die sich mit bemerkenswerter Intensität in seiner Erinnerung verankert haben.

Als Attraktion, der man einen gewissen Unterhaltungswert nicht absprechen konnte, die ihn aber gleichwohl mit einigem Unbehagen erfüllte, empfand er das Klo, das am Ende des großen Spielplatzes gegenüber dem Gebäude stand, in dem die Schlafräume und der Eßsaal untergebracht waren.

Das Irritierende an der ebenso notwendigen wie bemerkenswerten Anlage war die Konsequenz, mit der sich die Erbauer über alle Peinlichkeiten und die Unannehmlichkeiten der kindlichen Erfahrungswelt hinweggesetzt hatten: In die Wände waren stabile Holzbretter eingelassen, in die runde Öffnungen hineingesägt waren, gerade groß genug, um zur notwendigen Verrichtung das Hinterteil hineinzudrücken, aber doch nicht so groß, daß man in einem Augenblick höchster Verzückung und der ihr folgenden totalen Entspannung hätte hineinfallen können.

Da saßen die Jungen dann zu bestimmten Stoß- und Druckzeiten, meistens nach dem Essen, wenn die Natur ihr Recht verlangte, brav aufgereiht und versuchten, die Peinlichkeit der Kollektivsitzungen durch mehr oder weniger flotte, in jedem Fall aber ziemlich unanständige Sprüche zu verdrängen.

Einer der Jungen behauptete zu wissen, daß es solche „Kackbatterien" schon bei den alten Römern gegeben habe. Jedenfalls habe ihm das sein Vater erzählt. Auch die spezielle Sitzanordnung sei eine Erfindung der Römer, und die hätten sich gar nicht geschämt und bei ihrer intimen Verrichtung blendend miteinander unterhalten.

Mehr beeindruckt als von der Niendorfer Latrine war er von einer anderen Attraktion, die der Lehrer als besonderes Naturereignis gepriesen hatte, und für das, ohne zu murren – was im übrigen auch nichts genützt hätte –, von den Jungen gern ein etwas längerer Fußmarsch in Kauf genommen wurde: Das war das Brodtner Ufer, eine zerklüftete Steilküste, die sich über der Ostsee aufgetürmt hat und die zum Klettern reizte, obwohl das nur unter der Aufsicht des Lehrers erlaubt war.

Manchmal durften die Jungen sich etwas freier bewegen und sich – mit der ausdrücklichen Erlaubnis des Lehrers – ein Stück „von der Truppe" entfernen, mußten aber zu einer vorgegebenen Zeit wieder zurück sein auf dem steinigen Küstenstreifen, der mit einer Schicht von bizarr gemaserten Granitblöcken bedeckt war. Zwischen den Steinen, deren scharfe Kanten von der See weggewaschen worden waren, fand man mit etwas Glück länglich geformte Gebilde, die ungefähr so dick waren wie Füllfederhalter und auch etwa so lang. Das seien „Donnerkeile", hatte ihnen ihr Lehrer erklärt, Versteinerungen irgendwelcher Tiere, die vor Jahrmillionen gelebt hätten. Und ihre Bezeichnung hätten sie nach dem nordischen Gott Thor, der mit dem Donner in Verbindung gebracht werde.

Die Ausbeute an Donnerkeilen war nicht besonders groß, weil sich die Jungen beim Suchen immer wieder von anderen Funden ablenken ließen und dabei auf die Dauer auch die Lust an Donnerkeilen verloren.

Einen Jungen allerdings beneidete er und alle anderen um etwas, das der durch Zufall entdeckt hatte, als er einen annähernd kugelrunden, nur nach unten hin abgeflachten Stein aufhob, den er auf das spiegelglatte Meer hinauszuwerfen gedachte, in der Hoffnung, der Stein würde auf seiner flachen Seite über das Wasser hüpfen.

Gerade noch rechtzeitig hatte der Junge beschlossen, von seinem Vorhaben abzulassen; denn der Stein hatte auf der Oberseite ein symmetrisches Ornament, das aussah, als habe es ein Künstler eingraviert.

Als später der Lehrer den Fund begutachtete, kam er zu dem Schluß, das müsse ein versteinerter Seeigel sein, und solche Funde seien wesentlich seltener als Donnerkeile.

Der Seeigel wurde abends im Heim unter den Jungen herumgereicht und gebührend bestaunt. Dann geschah das Unfaßbare, das für Unruhe und Mißtrauen sorgte: Als der Eigentümer seinen archäologischen Schatz am Abend wieder zu seinen Sachen in den Spind legen wollte, war er verschwunden. Zunächst hatte der Lehrer den weinenden Eigentümer getröstet und ihm vorgeschlagen, noch einmal zu suchen, und er hatte in dem Jungen die Hoffnung genährt, der Seeigel werde sich sicher wieder anfinden.

Als alle Nachforschungen ohne Ergebnis blieben, gab es ein strenges Verhör und sehr ernste Worte des Lehrers. Er sprach von Vertrauensbruch und hielt der Gruppe vor, daß nichts schlimmer sei, als einen vermeintlichen Dieb unter sich zu wissen. Er sagte es so, daß die Jungen seine Erschütterung spürten. Und er sagte noch, das werde das Verhältnis innerhalb der Gemeinschaft auf lange Zeit belasten. Trotz solcher Mahnungen blieb der seltsame Stein verschwunden.

Die Betroffenheit der Jungen trübte tagelang die Stimmung. Jeder begegnete dem anderen mit Mißtrauen, und insgeheim wurde jeder von den anderen verdächtigt.

Er teilte die anderen ein in solche, denen er die Tat zutraute, und solche, die er für vertrauenswürdig hielt und für die er deshalb seine Hand ins Feuer legen würde. Diejenigen, die er ohnehin nicht ausstehen konnte, standen auf der Liste seiner möglichen Täter ganz oben. Und dem einen oder anderen hätte er sogar gewünscht, als Dieb entlarvt und entsprechend bestraft zu werden!

Die allgemeine Atmosphäre des Mißtrauens hatte für ihn noch eine unangenehme Konsequenz: Als sich die Reise schon ihrem Ende zuneigte und ihn nur noch fünf oder sechs Tage von der Heimreise trennten, hatte er am Strand beim Bauen eines Schutzwalls gegen die anrollenden Ostseewellen einen Seestern gefunden. Nie zuvor hatte er so etwas gesehen, und es fiel ihm schwer, das merkwürdige fünfstrahlige Gebilde für ein Tier zu halten. Offenbar lebte der Seestern nicht mehr; jedenfalls deutete keine Bewegung darauf hin. Er beschloß, das glibberige und ziemlich schlaffe Fundstück mit nach Hause zu nehmen, um seinen Eltern damit ein gewisses Maß an naturwissenschaftlichem Interesse zu demonstrieren. Sie freuten sich über so etwas, und er hatte das Gefühl, dadurch die Kosten für den zusätzlichen Ferienaufenthalt zu rechtfertigen.

Allerdings gab es da ja das Problem der Begehrlichkeit, das bereits zum Verlust eines Fundstücks geführt hatte; denn Seesterne waren ebenso gefragt wie versteinerte Seeigel. Also beschloß er, keinem der Jungen, nicht einmal seinem besten Freund, die dem Meer abgerungene Beute zu zeigen oder auch nur etwas darüber zu erzählen. Heimlich stopfte er den Seestern zwischen die Wäsche, die in dem unter seinem Bett verstauten Koffer lag. Aus Angst, dabei aufzufallen, vermied er es, für den Rest der Zeit den Koffer zu öffnen. Vielleicht hätte er gerade das besser nicht tun sollen; jedenfalls entfaltete sein Seestern ein geruchsintensives Eigenleben. Die Folge war, daß sein Koffer in kürzester Zeit den Geruch annahm, wie er ihn von den großen Behältern kannte, in die Niendorfs Fischer im Hafen ihre Fischabfälle hineinwarfen. Was den Möwen als bequeme Futterstation recht war, gefiel seiner Mutter gar nicht. Als sie zu Hause den Koffer öffnete, war sie wenig erfreut und beschloß, daß der Koffer samt Inhalt nicht mehr zu gebrauchen sei.

Die Seestern-Attraktion hatte ihren Preis!

Eine andere und eigentlich die größte Attraktion im Niendorfer Kinderheim war Gisela. Gisela war nicht etwa eine Schülerin, die in der Mädchenabteilung ihre Ferien verbrachte, sondern eine junge Frau, die in der Küche arbeitete und beim Essenverteilen half. Gisela war überaus fröhlich und allein schon wegen der lustigen Art, in der sie das Essen servierte, eine kleine Attraktion und bei den Jungen sehr beliebt. Besonders aber fiel sie durch eine ansehnliche Oberweite auf, die sie durch knapp geschnittene Blusen so weit zur Schau stellte, wie es in einem Kinderheim gerade noch schicklich war.

Wenn Gisela den Speisesaal betrat, richteten sich alle Augen auf sie, und die Jungen tuschelten sich gegenseitig Obszönitäten zu, die schriftlich wiederzugeben sich verbietet, weil sie das Vokabular eines anständig erzogenen Jungen – und das waren sie ja zumindest nach Meinung ihrer Eltern alle – bei weitem sprengte, und das zu benutzen von dem Lehrer mit schärfsten Sanktionen geahndet worden wäre.

Irgendwie wünschten sich die Jungen alle, Gisela mal etwas näherzukommen. Aber das blieb natürlich ein unerfüllbarer Wunsch, denn Gisela war uralt – mindestens 23, wie einige mit sachkundigem Blick feststellten!

Ihm war allerdings einmal ohne jede Vorbereitung einer jener Glücksmomente zuteil geworden, die man bis ans Lebensende als Sternstunde seiner erotischen Biographie im Gedächtnis behält: Gisela trug bei der Arbeit eine mit hübschen Spitzen besetzte weiße Schürze, die hinten mit einer Schleife geschlossen wurde. Er würde das Gesamtpaket Gisela „sexy“ genannt haben, wenn das Wort damals schon in seinen Wortschatz Eingang gefunden und er ungefähr gewußt hätte, was darunter zu verstehen war.

Eines Tages hatte sich die Schleife an der kleidsamen Verpackung geöffnet, und die beiden Enden des Bandes hingen schlaff herunter.

Der Lehrer, von dem die Jungen vermuteten, daß er wie alle ein Auge auf Gisela geworfen hatte, merkte das als erster. (Nebenbei bemerkt: Der Lehrer war der Schwarm aller Mütter und hatte ein bißchen den Ruf eines Schürzenjägers.) Nun wäre es für einen Lehrer allerdings sicher unpassend gewesen, die Sache in Ordnung zu bringen, ohne sich bei seinen Schülern einem peinlichen Verdacht auszusetzen. Also ging sein Blick mit der fragenden Aufforderung in die Runde:

„Wer bindet Fräulein Giselas Schürze zu? Freiwillige vor!“

Um seiner Frage Nachdruck zu verleihen, fügte er noch hinzu:

„Na, wo sind hier die Kavaliere?"

Welcher Teufel ihn in diesem Augenblick geritten hatte, vermochte er nicht zu sagen. Irgendeine Inspiration ließ ihn von seinem Sitz hochspringen, und ohne es eigentlich bewußt zu steuern, stand er unversehens hinter Gisela. Er fühlte ein Vibrieren in seinen Händen, die ein wenig unsicher nach den Schürzenbändern griffen und sie zu einer Schleife formten.

Gisela drehte ihren Kopf so weit zur Seite, daß sie ihn sehen konnte, und er fand, daß ihre Haut wunderschön war. Mit leiser und etwas ausdrucksloser Stimme sagte sie: „Oh, danke." Dieses hingehauchte „Oh, danke" war für ihn ein unbeschreiblicher Triumph, der ihn mit einem Überlegenheitsgefühl gegenüber den anderen Jungen erfüllte, obwohl die meisten ihre Suppe weiterlöffelten, als sei nichts geschehen, und nur einige wenige bewundernd auf seine Aktion schauten.

Als er sich der spontan herbeigeführten Situation richtig bewußt wurde, stieg in ihm eine seltsame Hitze hoch, wie er sie nie zuvor gespürt hatte. Sein Herz klopfte bis zum Hals, und er fürchtete, die anderen könnten das hören.

In diesem Augenblick drehte sich Gisela zu ihm um, und er konnte für einen Moment in ihre hellblauen Augen schauen, die glitzerten wie der nahe gelegene Hemmelsdorfer See in der Mittagssonne.

Was ihn vollends verwirrte, war der Duft, den die Frau ausströmte; eine Mischung aus Parfum, wie er es sich einmal im elterlichen Schlafzimmer aus einem Flakon seiner Mutter angesprüht hatte, und dem Geruch von Haut, den er fortan mit der Vorstellung an eine Frau verband.

Er spürte, daß er rot wurde, weil er befürchtete, Gisela würde seine Gedanken erraten, und ging schnell zu seinem Platz am Eßtisch zurück.

Fortan bemühte er sich, so oft wie möglich in die Nähe Giselas zu kommen, und er nutzte jede Gelegenheit, ihr zu begegnen.

Die Gelegenheit sollte sich ihm bald bieten, wenn auch anders, als er sich das in seiner Phantasie ausgemalt hatte.

Dazu ist zu erzählen, daß er auf Klassen- und Schulreisen immer sein Akkordeon dabeihatte, das zu spielen ihm Herr Seehafer beigebracht hatte, bis auch der an die Front eingezogen wurde. Das Akkordeon mit auf Klassenreisen zu nehmen war der ausdrückliche Wunsch seines Lehrers, der sich nach Kräften bemühte, die musischen Talente seiner Schüler zu fördern, und der selbst im Hamburger Lehrergesangverein mitsang. Seine Schüler waren immer sehr stolz auf den Lehrer, wenn der bei Konzerten in der Musikhalle in der vordersten Reihe auf der Bühne stand. Ganz selbstlos war der Lehrer nicht, wenn er ihn ermunterte, zur Unterhaltung auf Klassenreisen zu musizieren: Es verkürzte die Zeit, wenn langweilige Arbeiten gemacht werden mußten wie etwa das unbeliebte Kartoffelschälen. Der Lehrer hatte ihnen viele Wanderlieder und Shanties beigebracht, und die Schüler saßen dann im Kreis und sangen nicht immer schön, aber meistens laut zur Akkordeon-Musik, wobei ihnen die Arbeit leicht von der Hand ging. Aber er hatte zusammen mit seinem Lehrer auch ein paar Stücke eingeübt, die der immer wieder gern sang. Das „Schwalbenlied" war so ein Stück, das sich ziemlich schnulzig anhörte, oder „Aloha Oe", das er vor allem deshalb interessant fand und oft spielte, weil auf dem Notenblatt stand, daß es eine Königin von Hawaii komponiert haben sollte.

Er war immer sehr stolz, wenn er seinen Lehrer begleiten durfte. Es hob ihn aus der Masse der anderen Schüler heraus, und er hatte das Gefühl, daß ihn der Lehrer deshalb gern mochte. In Niendorf aber wurde ihm zum erstenmal klar, welche Vorteile man haben konnte, wenn man etwas beherrschte, das andere nicht konnten; denn sein Akkordeon half ihm, wenigstens ein einziges Mal in Giselas Nähe zu kommen, wenn auch auf Umwegen und unter Verzicht auf einen Teil seiner Nachtruhe.

Eines Abends – im Schlafsaal war endlich Ruhe eingekehrt, und die meisten Jungen schliefen bereits –, da hatte ihn der Lehrer vorsichtig wach gerüttelt. Als er immer noch nicht ganz präsent, aber schon ansprechbar war, hörte er seinen Lehrer sagen: „Steh auf, wir wollen singen! Hol deine Quetschkommode und komm mit!"

Die Bezeichnung „Quetschkommode" für ein Instrument, das er über alles liebte, behagte ihm nicht. Aber den Wunsch, zu spielen und beim Singen die Begleitung übernehmen zu dürfen, erfüllte er dem Lehrer gern, sogar zu nachtschlafener Zeit.

Schnell zog er sich an, und dann gingen die beiden zum Küchentrakt hinüber, an den sich der Speisesaal anschloß. Dort feierte das Küchenpersonal irgendeinen Geburtstag, und da kam ein bißchen hand- und mundgemachte Musik gerade recht. Die Leute klatschten Beifall, als er mit seinem Akkordeon hereinkam.

Auch Gisela war da, und das entschädigte ihn für das nächtliche Ansinnen seines Lehrers.

Brav spiele er seine Stücke fehlerfrei herunten. Weil er sie alle auswendig kannte – auch die Begleitmusik für seinen Lehrer –, bedurfte es keiner besonderen Konzentration, und er konnte seinen Gedanken nachhängen, ohne die gemeinsame Darbietung zu gefährden.

Wenn Gisela mehr zufällig zu ihm herübersah, wich er ihrem Blick aus. Für nichts in der Welt wollte er mit auch nur der unauffälligsten Geste seine Gefühle verraten. Aber er war sich ziemlich sicher, daß er in Niendorf die Frau seines Lebens gefunden hatte, nach der es keine andere mehr geben würde. Abends vor dem Einschlafen dachte er an sie, und er stellte sich immer wieder vor, wie es wäre, wenn sie ihn plötzlich ansprechen und ihn zu einem Strandspaziergang einladen würde. Er fragte sich, ob er ihrem Wunsch dann nachgeben sollte. Vielleicht, so glaubte er, sei es passender, sie noch ein bißchen hinzuhalten. Irgendwo hatte er gelesen, daß man das so macht, damit es spannender wird.

Das Traurige an der Geschichte: Nichts, was ihm seine Phantasie als wünschenswert vorgegaukelt hatte, passierte tatsächlich. Auch nicht in den nächsten Tagen bis zu seiner Abreise, obwohl ihm der Duft, den Gisela ausströmte, immer noch in der Nase hing.

Als er dann wieder in Hamburg war, verflüchtigte sich die Erinnerung an den Duft. Und er kam zu der Erkenntnis, daß er eine Frau fürs Leben eigentlich nicht brauchte.

Erinnerungen an englische Piloten und deutsche Furien

Seinen zwölften Geburtstag hatte er als einen besonderen Jahrestag empfunden. Nicht nur, weil er damit auf dem Weg war, ein „Teenager“ zu werden. Das war ein Wort, das es früher nicht gegeben hatte. Erst mit den Engländern war es wie pappiges Weißbrot, Nescafé, Kaugummi und Cadbury-Schokolade nach Deutschland gekommen. Wie sich überhaupt mit den Besatzungssoldaten vieles verändert hatte. Zum Beispiel die Musik, die man jetzt im Radio hörte. „Swing" nannten das die Älteren, und sie waren ganz versessen darauf, nach den neuen Rhythmen ausgelassen zu tanzen.

Joachim, der ungefähr zwanzig war und der schon in der Hitlerjugend mitmarschiert war, hatte ihm erzählt, daß solche Musik im Krieg nicht gespielt werden durfte, weil sie die Nazis nicht mochten. Allein schon, sie nur anzuhören, stand genau so unter Strafe wie das Abhören von „Feindsendern". Trotzdem hatten sie sich damals über solche Verbote hinweggesetzt. Ganz in der Nähe, hier in Eimsbüttel, habe man sich regelmäßig in einer Wohnung getroffen, um die wenigen vorhandenen und sehr begehrten Schallplatten aufzulegen, die nur heimlich und zu sündhaft hohen Preisen weitergegeben wurden. Das schlimmste aber, so hatte Joachim erzählt, sei der Zwang gewesen, die Swing-Musik niemals sehr laut zu spielen, weil man ja von irgendeinem Nachbarn verraten und dann verhaftet werden konnte.

Einer der Klassenkameraden, Paul hieß er, hatte zu Hause ein Klavier. An dem saßen sie oft zusammen, obwohl sie nie richtigen Klavierunterricht gehabt hatten, und spielten vierhändig, so gut es ging.

Paul hatte von seinem Onkel, der Amateurmusiker war und oft in einem englischen Offiziersklub spielte, ein Stück gelernt, das man häufig auch im englischen Soldatensender BFN hören konnte, der aus Hamburgs ehrwürdiger Musikhalle sendete. Die Komposition, so hatte Pauls Onkel erzählt, stamme von einem ganz berühmten amerikanischen Militärmusiker und heiße „In the Mood". Eigentlich müsse man das in Es-Dur oder As-Dur spielen, aber Paul und er fanden C-Dur komfortabler, weil man dabei nicht so viele schwarze Tasten bemühen muß, die sie beide nicht mochten.

Auch sonst hatten Paul und er ziemlich gleichgerichtete Interessen. Zum Beispiel wünschten sich beide eine kleine Schwester, und zumindest er wußte ja, daß ihm sein Wunsch noch in diesem Jahr erfüllt werden würde. Sie sprachen oft darüber, was sie mit ihren kleinen Schwestern anfangen würden.

Paul, der in solchen Dingen immer ein bißchen mehr wußte als die anderen, war der Ansicht, es würde langsam Zeit für seine Mutter, weil es sonst zu spät für sie sein könnte. Wie das zusammenhänge, wußte Paul auch nicht so genau. Aber sein Vater hatte so etwas mal gesagt.

Auch in anderen Dingen wußte Paul ganz gut Bescheid. Einmal zumindest hatte er ihm einen besonders guten Tip gegeben: Auf dem Schulhof, in dem Sandkasten, der normalerweise für Weitsprungübungen genutzt wurde, war Kräftemessen angesagt. Das war meistens eine unkontrollierte Rangelei, die allerdings niemals in eine Prügelei ausartete, sondern immer nach festen Regeln ablief. Das war wohl auch der Grund dafür, daß die Lehrer, die auf dem Schulhof in den Pausen die Aufsicht führten, das meistens unbeanstandet geschehen ließen. Solange alle fair blieben, sahen sie keinen Grund einzugreifen.

Niemand konnte sich solchen Ritualen entziehen, wenn er nicht als Feigling gelten wollte. Auch er hatte sich mit anderen Jungen gemessen und belegte in der ungeschriebenen, aber von allen irgendwie respektierten Rangliste ein gutes Mittelfeld.

Die „Kämpfe" waren immer problemlos. Blut floß so gut wie nie, es sei denn, jemand hatte sich durch eine Unvorsichtigkeit verletzt. Dann wurde der Kampf sofort abgebrochen. Im Normalfall war der Kampf zu Ende, wenn einer am Boden lag und damit praktisch kampfunfähig war. Dann hatte ihn der Überlegene aus der Umklammerung zu entlassen.

Dieses ungeschriebene Gesetz funktionierte auch recht gut. Nur im Fall eines Klassenkameraden verlief der Ringkampf immer etwas ungewöhnlich: Wenn er seinen Gegner am Boden hatte, versuchte er ihn dort möglichst lange zu halten. Und dann hörte der Unterlegene ein ziemlich schnelles Atmen, das kurz darauf in ein stakkatohaftes Röcheln und Stöhnen überging.

Auch er hatte das ein paarmal erlebt und konnte sich keinen Reim darauf machen.

Als er mit Paul darüber sprach, dokumentierte der wieder seinen Wissensvorsprung, den er sich irgendwo angeeignet hatte: „Ist doch klar", sagte Paul, „der ist schwul und genießt es, auf dir zu liegen."

Das Wort „schwul" hatte er nie gehört, und wie man es genießen konnte, auf einem anderen zu liegen, war ihm auch ein Rätsel.

Paul sah seinen etwas ratlosen Gesichtsausdruck und setzte nach: „Schwul heißt, der ist warm, ein Homo eben, und das ist ziemlich per-per-pervers!"

Paul stotterte immer ein wenig, wenn er aufgeregt war und schnell zu sprechen versuchte. Und was ihm Paul hier erzählt hatte, war ja tatsächlich aufregend und ein guter Grund zum Stottern.

Er wußte nicht, was pervers war. Aber das Wort verriet ihm, daß es etwas Furchtbares sein mußte; denn als er zu Hause seine Mutter danach fragte, wurde die ziemlich verlegen und zischte ihn an, sie erlaube nicht, daß er Umgang mit solchen Leuten pflege, und im übrigen sei das kein Thema, über das man mit einem noch Minderjährigen spreche.

Er gab sich widerwillig damit zufrieden. Aber an Ringkämpfen im Weitsprung-Sandkasten hat er sich fortan nicht mehr beteiligt. Auch auf die Gefahr hin, sich als Feigling zu diskreditieren.

1948 war das Jahr, in dem viele Veränderungen sein Leben bestimmten. Er hatte sich von vielen Teilen aus seiner Spielzeugkiste getrennt. Am schwersten fiel es ihm, seine blecherne Spielzeugeisenbahn wegzugeben. Die Lokomotive war zwar „übergedreht" und die Aufzugfeder herausgesprungen. Dennoch trennte er sich nicht gern davon. Als er vier Jahre alt war, hatte er die Eisenbahn mit den acht Güterwagen bekommen. Aber auch davor hatte sie schon jemandem gehört. Andererseits nahm die Kiste, in der die Wagen einschließlich der vielen Schienen, Weichen und der beiden Blechbahnhöfe aufbewahrt wurden, sehr viel Platz ein, den sie in ihrer Dreizimmerwohnung nicht hatten. Seine Mutter hatte ihm die Bereitschaft zum Verschenken dadurch schmackhaft gemacht, daß sie ihm erklärt hatte, in einem der Nachbarhäuser lebe eine Flüchtlingsfamilie aus Ostpreußen, und deren drei Kinder würden sich über ein solches Spielzeug sicher freuen. So hatte er nach anfänglichem Zögern zugestimmt, den Flüchtlingskindern eine Freude zu machen. Am Ende sogar halbwegs freudig.

Andere Sachen hatte er leichteren Herzens hergegeben. Dazu gehörten etliche Bücher und Hefte, die er im Krieg gesammelt hatte. Immer wieder hatte sein Vater, der den Krieg zu hassen gelernt hatte, ihn ermahnt, er solle „den Mist" doch endlich wegwerfen. Aber so recht hatte er der Aufforderung nicht nachkommen wollen. Es war ja ein Stück seiner Kindheit, und so beschloß er einen Kompromiß: Einen Teil der zumeist bebilderten Druckwerke wollte er wegwerfen. Aber einige wenige, besonders die über Fliegerei und Marine, sollten einstweilen noch unangetastet bleiben.

Irgendwie fühlte er sich von der See angezogen, ohne sagen zu können, was ihn daran faszinierte. Von den Marinegeschichten hatte es ihm insbesondere ein Buch angetan, das den Titel trug „Ein Junge geht zur Kriegsmarine"; denn er hoffte, selbst einmal auf einem U-Boot fahren zu können. Auch wenn seine Mutter gesagt hatte, es sei erstens sehr gefährlich und zweitens furchtbar heiß und eng in so einem Schiffsbauch, hatte er sich nicht von seinem Wunsch abbringen lassen. Woher wollte seine Mutter das denn schon wissen? In den Büchern stand etwas ganz anderes, und er hatte daraus erfahren, daß deutsche U-Boot-Kommandanten immer nur siegten und man ihnen zujubelte, wenn sie von ihren Kriegseinsätzen auf See zurückkamen und ziemlich viele feindliche Schiffe versenkt hatten.

Auch ein Buch mit tollen Bildern von den Stukas, die von mutigen Piloten gesteuert auf ihre Ziele herunterschossen, mochte er nicht hergeben. Er hatte sich nicht satt hören können, wenn seine Mutter ihm abends aus diesem Buch auf seine Bitte hin eine Gutenachtgeschichte vorlas. Seit er im Kino den Film „Himmelhunde" gesehen hatte, in dem die Handlung in einem Ferienlager für Segelflieger spielte, träumte er davon, selbst auch einmal ein Segelflugzeug steuern zu können. Insgeheim beneidete er die großen Jungen, die mit 15 Jahren noch die Schulbank einer „höheren Lehranstalt" drückten, sich aber doch schon als Luftwaffenhelfer bewähren durften.

Keines der Bücher legte er einfach so beiseite. Sie verkörperten ja ein Stück seiner eigenen Geschichte, für die er nach und nach ein Gefühl zu entwickeln begann.

Drei Jahre waren vergangen, seit Hamburg von den Engländern besetzt worden war, und fünf Jahre war es her, daß Hamburg in einem Feuersturm an den Rand seiner Existenz gebracht worden war.

Dazwischen hatten Jahre von erregender, teilweise deprimierender, aber auch beflügelnder Dramatik gelegen, und je mehr er sich in seine literarischen Schätze vertiefte, desto deutlicher wurden die Umrisse der Bilder, die in ihm aufstiegen. Seine Gedanken gingen noch einmal zurück in die Kriegszeit, und da war es besonders ein Erlebnis gewesen, das ihn nächtelang nicht hatte zur Ruhe kommen lassen.

Es muß im Jahr 1944 gewesen sein; denn Hamburg war schon von riesigen Trümmerflächen übersät, und ganze Stadtteile bestanden nur noch aus Ruinen, die aus ihren Fensterhöhlen traurig und bedrohlich auf die Menschen herabblickten. Er war mit zwei Freunden nach Stellingen gefahren, um dort am Bahndamm im Quellental Sauerampfer zu ernten, aus dem die Mütter eine schmackhafte und vitaminreiche Suppe bereiten konnten. Da sprach es sich plötzlich wie ein Lauffeuer herum, daß ganz in der Nähe zwei englische Fallschirmspringer gelandet waren, deren Flugzeug von der deutschen Flak in Brand geschossen worden und danach abgestürzt war. Die Jungen hasteten dorthin, und als sie dort ankamen, saßen die Piloten am Rande einer Wiese und warteten offenbar darauf, abgeholt und gefangengenommen zu werden.

Kurz darauf erschienen vier deutsche Frauen mit Knüppeln und Eisenstangen und begannen, auf die Männer einzuprügeln. Die Frauen waren außer sich, kreischten hysterisch und riefen den Jungen zu, sie sollten näher kommen und mitmachen, denn die Feinde hätten ja nichts anderes verdient.

Ihn ekelte das Verhalten der Frauen an, die ungefähr so alt waren wie seine Mutter. Die Männer wehrten sich nicht und ergaben sich offenbar in ihr Schicksal, obwohl sie schon aus Mund und Nase bluteten.

Die Jungen waren sehr erleichtert, als kurz darauf ein deutsches Militärfahrzeug vorfuhr und zwei Soldaten dazwischengingen. „In Deutschland werden keine Gefangenen mißhandelt", rief einer den Frauen zu und stellte sich vor die englischen Piloten. Dann führten sie die Männer ab.

Später hat er sich immer wieder an die erschreckende Szene der wild auf die Opfer einschlagenden Frauen denken müssen, wenn die Leute sagten, einen so grausamen Krieg wie den Zweiten Weltkrieg könnten nur Männer vom Zaun brechen, und man solle getrost den Frauen das Kommando überlassen, dann würden wir alle in einer friedlicheren Welt leben können.

Er hatte nach diesem Erlebnis nächtelang in seinem Bett gelegen und nicht schlafen können. Aber die Zeit war nach und nach darüber hinweggegangen und hatte die grausamen Bilder verdrängt.

Glücklicherweise gab es auch weniger unfreundliche Erinnerungen, die bei aller Tragik, die bestimmte Ereignisse auslösten, durchaus etwas Komisches hatten. Ihm fiel die Evakuierung ein, die kurz nach den schweren Juli-Angriffen von 1943 verordnet worden war.

Weil die Behörden vermuteten, daß die Alliierten nach der „Operation Gomorrha" weitere Angriffe auf Hamburg fliegen würden, sollten alle Frauen und Kinder die Stadt verlassen. Während Hamburg noch an vielen Stellen brannte und die Luft über den ausgedehnten Trümmerfeldern vor Hitze flimmerte, war er zusammen mit seiner Mutter zu einem vorher bestimmten Sammelplatz gegangen. Dort standen Lastwagen bereit, auf deren Ladeflächen die Menschen zusammengepfercht wurden. Als sie losfuhren, hatte seine Mutter ihren Arm so um ihn gelegt, daß er sich mit seinem Kopf anlehnen konnte. Kurze Zeit, nachdem sich das Fahrzeug in Bewegung gesetzt hatte, war er eingeschlafen.

Erst am nächsten Morgen war er ziemlich früh wieder aufgewacht. Nicht etwa, weil er ausgeschlafen war, sondern weil ihn ein lautes Quieken und Grunzen aus dem Schlaf gerissen hatte. Als er die Augen öffnete, sah er Hunderte von Schweinen, die sich auf die Bretterwand vor ihrem Verschlag aufstützten und lärmend über die Balustrade guckten, um ihre Einquartierung neugierig in Augenschein zu nehmen.

Seine Mutter sagte ihm, als sie seinen fragenden Blick bemerkte, daß man sie nach Winsen gebracht hätte, das sei ein Ort an dem kleinen Flüßchen Luhe.

Dann bemerkte er den seltsamen Geruch, der von seiner Lagerstatt aufstieg, bis er sah, daß es gar kein Bett war, sondern ein großer Strohballen, auf dem er neben seiner Mutter lag. Er war froh darüber, daß er seine Kleidung anbehalten hatte, denn das Stroh piekste unangenehm, wenn man mit der nackten Haut darauf lag.

Sie blieben drei oder vier Nächte in Winsen und hatten ihre Kleidung in dieser Zeit niemals abgelegt, wodurch auch das lästige Waschen entfallen war. Lediglich ihr Gesicht spülten sie an einer Pumpe vor dem Schweinestall etwas ab, wobei immer einer pumpen mußte und der andere das eiskalte Wasser mit seinen Händen auffing.

Morgens wurden sie von Helfern des Roten Kreuzes mit Haferflockensuppe versorgt, die er nicht ausstehen konnte. Aber der Hunger hatte ihn dann trotzdem schließlich zum Löffel greifen lassen.

Zweimal war ein Offizier nachts in den Stall gekommen und hatte sie mit einer Trillerpfeife geweckt. Er sagte ihnen, daß feindliche Fliegerverbände Kurs auf Hamburg genommen hätten. Zwar sei der kleine Ort, in den man sie gebracht hatte, eigentlich nicht gefährdet. Aber man könne ja bei einem unberechenbaren Feind nicht wissen, was der im Schilde führe, und deshalb sollten sie sich draußen in eigens dafür ausgehobene Gräben legen, in denen auch reichlich Wolldecken zum Schutz gegen die nächtliche Kälte bereit lägen.

Er lag eigentlich gern im Graben und betrachtete das als eine willkommene Abwechslung. Man konnte in den weiten sternenklaren Himmel schauen, unter dem die feindlichen Bomber in großer Höhe auf die Stadt an der Elbe zusteuerten. Hin und wieder sah man eine Leuchtspur wie eine Sternschnuppe über den Himmel ziehen, und ein Soldat, der den Frauen und Kindern helfen sollte, mit dem Leben auf dem Lande fertig zu werden, erklärte ihnen, das sei das Mündungsfeuer von Maschinengewehren an Bord deutscher Abfangjäger. Man könne sich ganz sicher darauf verlassen, daß die Jäger keine weiteren Bomber in den Luftraum der schon so schwer gezeichneten Stadt hineinlassen würden.

„Na ja", sagte eine Frau, die neben ihnen auf einem Schemel im Graben saß, und es klang, als würde sie nicht so recht daran glauben.

Nach zwei oder drei Stunden gab der Soldat, der sie alle in den Graben geschickt hatte, wieder Entwarnung und beorderte sie zurück auf ihre Strohsäcke im Schweinestall.

Alle diese Erinnerungen kamen in ihm wieder hoch; die eine zog in einer Art Kettenreaktion andere nach sich, und am Schluß erschien es ihm, als habe sein Kopf alle Ereignisse lückenlos gespeichert: wie er und die anderen mit großen Jutesäcken in der Nachbarschaft herumgezogen waren, um Knochen einzusammeln. Für jeweils fünf Kilogramm, die sie bei einer Sammelstelle abgaben, bekamen sie einen Anrechtschein für ein Stück Kernseife. Er war bei der Sammelaktion innerhalb von drei Tagen so fleißig gewesen, daß er seiner Mutter stolz drei Prämienscheine bringen konnte, über die sie sich sehr gefreut hatte. Sie brauchte dann nur noch nach einem Geschäft zu suchen, in dem es tatsächlich Kernseife gab.

Oder er dachte daran, wie die ausgemergelten Männer einer abgerissenen Truppe, die sich „Volkssturm" nannte, ihren Rückzug angetreten hatten. Draußen bei Langenfelde, wohin ihn ein paar Jungen mitnahmen, hatte er eine Panzerfaust auf einen ausgebrannten Lastwagen schießen dürfen. Er hatte gut gezielt und den Rückstoß der Waffe, den er sich so gewaltig nicht vorgestellt hatte, mannhaft ertragen, obwohl seine Schulter noch wochenlang danach grün und blau aussah.

Und schließlich sah er das Bild einer verschrobenen alten Jungfer vor sich, die kurz vor dem Einmarsch der britischen Truppen in Hamburg bei ihnen einquartiert worden war, deren Namen er aber vergessen hatte. Die Frau war ganz in der Nähe ausgebombt worden, und weil er zusammen mit seiner Mutter in einer Drei-Zimmer-Wohnung lebte, hatten sie sich nicht dagegen wehren können. Er fand die Frau ganz nett, obwohl sie immer ein bißchen zu laut und eigentlich ohne Grund lachte, aber seine Mutter meinte, die Frau sei verrückt und gehöre in eine Irrenanstalt eingesperrt.

Es schien, als sollte seine Mutter recht behalten!

Am nächsten Tag machten Flugblätter die Runde, die von britischen Flugzeugen abgeworfen worden waren und die man eigentlich nicht lesen und schon gar nicht behalten oder gar weitergeben durfte. Darin stand, daß die alliierten Panzertruppen und ungefähr tausend Flugzeuge vor der Stadt stünden und daß es nur noch wenige Tage dauern würde, bis die Stadt entweder kampflos zu übergeben sei oder sie im Falle einer Ablehnung unverzüglich dem Erdboden gleichgemacht werde.

Weil niemand wußte, wie sich die britischen Besatzer verhalten würden, wenn sie Hamburg erst mal besetzt hatten, und weil die Hamburger bereit waren, jedes Gerücht zu glauben, das in der Stadt kursierte, versuchten die Menschen, sich aller Gegenstände zu entledigen, die auf Sympathien für die Nazis schließen lassen konnten.

Ausgerechnet an diesem Abend kam das Untermieter-Fräulein von einem Spaziergang zurück und schleppte ein riesiges Bild heran, dessen Sichtfläche sie unter einer alten Decke versteckt hielt. In der Wohnung angekommen, stellte sie das Bild an die Wand auf dem Flur und sagte zu seiner Mutter: „Stellen sie sich vor, so etwas werfen die Leute einfach weg, das ist doch eine Schande!" Dabei zog sie die Decke beiseite und präsentierte ihren Fund: Ein fast lebensgroßer Hitler mit erhobener Hand und trotzig in die Ferne gerichtetem Blick.

Seine Mutter wurde in diesem Augenblick ziemlich blaß. Aber sie sagte, das Bild sei ja wunderschön, und sie solle es ruhig auf dem Flur stehen lassen. Am nächsten Tag wolle sie versuchen, es zu Ehren des Führers aufzuhängen.

Als das Fräulein ins Bett gegangen war, schleppte seine Mutter das Bild im Schutz der Dunkelheit aus der dritten Etage hinunter und versteckte es in einer großen Mauerspalte auf dem Trümmergrundstück des heruntergebrannten Nachbarhauses.

Am nächsten Morgen sah sie ihn beim Frühstück lange und sehr nachdenklich an und sagte langsam: „Sie ist doch verrückt, wie ich gesagt habe!"

Dann ging sie zum Tischlermeister in der ersten Etage und bat ihn, an der Innenseite ihrer Schlafzimmertür einen Haken anzubringen, damit sie mit ihrem Sohn nachts beruhigt schlafen könne.

Er spürte ihre Angst, obwohl er die nicht teilen wollte.

Das aber war alles lange her. Das Fräulein war irgendwann wieder ausgezogen, und neue Untermieter waren gekommen, die mehrfach wechselten. An die aber konnte er sich kaum noch erinnern. Und er wollte es auch gar nicht.

Für ihn zählte jetzt, was die nahe Zukunft bringen würde.

„OUT OF BOUNDS"

Seine Mutter werde demnächst einige Tage nicht zu Hause sein, hatten ihm die Eltern gesagt, denn es sei an der Zeit, das Baby kommen zu lassen.

Er hatte sich kaum Gedanken darüber gemacht, wer ihn versorgen würde, wenn der Vater tagsüber als Zimmermann auf dem Bau arbeitete. Da war ja schließlich noch die Großmutter Henriette, die nur drei Straßen weiter wohnte und ihm gesagt hatte, er könne jederzeit nach der Schule zum Essen kommen, und sie werde ihm auch jeden Tag das zuzubereiten, was er am Tag vorher bestellte. Das war schon mal besser als zu Hause.

Es war also alles gut vorbereitet. Er war versorgt und motiviert, sich auf den Familienzuwachs so richtig zu freuen.

Jeder Tag, der verging, stellte seine Geduld von neuem auf die Probe. Er versuchte, sich zu beschäftigen und sich auf diese Weise abzulenken, um nicht immer nur an das bevorstehende große Ereignis denken zu müssen.

An diesem Nachmittag waren er und sein Freund Werner mit der U-Bahn zum Hafen hinuntergefahren. Dort hielten sie sich immer gern auf und genossen den Geruch, der von der Elbe aufstieg. Die

Typhonsignale, die über den Hafen hallten, weckten in ihnen das Fernweh. Und das Hämmern und metallene Kreischen unter den Helgengerüsten auf der gegenüberliegenden Elbseite, von denen meistens ein dichter Funkenregen der Schweißgeräte wie ein Feuerwerk herunterfiel, regte ihre Phantasie an und bestärkte sie in der Hoffnung, später vielleicht selbst zur See zu fahren.

Einmal hatten sie in der Nähe der Landungsbrücken beobachtet, wie zwei Schwimmkräne das Wrack eines Küstenschiffs hoben, das im Krieg versenkt worden sein mußte, denn in der Backbordseite des Schiffskörpers klaffte ein großes Loch, als sei dort ein Geschoß eingeschlagen.

Das Wrack, dessen Farbe die Elbe schon ein bißchen abgewaschen hatte, war nur ganz langsam, Zentimeter für Zentimeter, aus dem Wasser herausgekommen. Es hatte bis zum Einbruch der Dunkelheit gedauert, bis das Wrack in voller Länge über dem Fluß schwebte.

Da sie unbedingt erleben wollten, wie die Sache ausging, hatten sie dieses Mal darauf verzichtet, in den Elbtunnel hineinzugehen und mit einem der polternden Förderkörbe auf die Tunnelsohle hinunterzufahren und den ausgeklügelten Mechanismus zu bestaunen, der die großen Holzkisten, in die der Länge nach zwei Autos hineinpaßten, wie von Geisterhand auf- und niedergleiten ließ.

Obwohl seine Eltern darauf bestanden, ihn bei Einbruch der Dunkelheit zu Hause zu haben, beschlossen die beiden Jungen, nicht auf dem direkten Weg zur U-Bahn-Station zu gehen. Fast immer, wenn sie aus dem Hafen kamen, machten sie einen kleinen Umweg über die Davidstraße. An der Ecke zur Reeperbahn stand das rote Backsteingebäude der alten Davidwache. Dort hatte Werners Großvater früher einmal als Kriminalinspektor gearbeitet, und die Jungen gingen gern hinein und sprachen mit den Polizisten, die „den alten Ramming“ zumindest noch vom Hörensagen gekannt hatten. Der Mann genoß immer noch die Verehrung seiner Kollegen, denn er hatte vor langer Zeit den berüchtigten und sehr prominenten „Lord von Barmbeck“ dingfest gemacht und ins Gefängnis gebracht.

Werner war stolz auf seinen Großvater, der noch lebte. Aber genaugenommen war ihnen die Wache gar nicht so wichtig. Noch spannender fanden sie nämlich eine Seitenstraße, die durch eine Holzplanke abgesperrt war. „Herbertstraße“ war auf dem Straßenschild zu lesen. Auf der Holzwand stand in großen schwarzen Buchstaben „OUT OF BOUNDS". Sie wußten nicht, was das bedeuten sollte, und sie machten sich darüber auch keine Gedanken. Aber die geheimnisvolle Straße hatte sie neugierig gemacht, besonders, weil auch noch auf der Wand stand: „Zutritt für Jugendliche unter 18 Jahren verboten!" Vorsichtig sahen sie sich nach allen Seiten um, ob sie nicht beobachtet wurden.

„Die Luft ist rein", sagte Werner, und dann schlüpften sie schnell durch den Zaun – und verstanden die Welt nicht mehr: Da saßen Frauen in Unterwäsche hinter rotbeleuchteten Schaufenstern und versuchten lachend, die beiden wohl etwas verwirrt dreinschauenden Jungen durch Handbewegungen heranzuwinken. Die trauten sich aber nicht und traten schnell den Rückzug an. Natürlich war die sonderbare Seitenstraße mit den leichtbekleideten Mädchen auf der Heimfahrt ihr einziges Gesprächsthema. Das müsse eine Straße sein, wo man für Geld Liebe kaufen kann, meinte Werner. Er hatte von seinem Vater gehört, daß es so etwas gibt. Aber Genaueres wußte Werner auch nicht.

Als sie in Eimsbüttel ankamen, wo Werner auf der gegenüberliegenden Straßenseite wohnte, ließ er sich für die drei Holztreppen viel Zeit. Er wußte, daß es zu spät geworden war, und er hatte am eigenen Leib erfahren, daß seine Mutter in diesem Punkt keinen Spaß verstand. Als er oben angekommen war und an der Klingel gedreht hatte, die an der Wohnungstür angebracht war, offnete sich die Nachbartür. Die alte Frau, die dort mit ihrer erwachsenen Tochter wohnte, forderte ihn auf, zu ihr hereinzukommen, da seine Eltern nicht zu Hause seien. Er war erleichtert, da nun das Verspätungs-Donnerwetter ausblieb.

Als er bei der Nachbarin an dem großen Küchentisch saß und ein großes Stück Kuchen in sich hineinstopfte, nahm die Nachbarin seine Hand und sagte, die Eltern seien ins Krankenhaus gefahren, denn das Baby habe sich angekündigt. Sein Vater habe aber versprochen, so schnell wie möglich zurückzukommen.

Wann denn die kleine Schwester endlich dasein werde, wollte er von der Nachbarin wissen, die in ihrer beruhigenden Gelassenheit etwas von einer alten Kräuterhexe hatte, was ihm aber keine Angst bereitete, sondern ihm irgendwie Vertrauen einflößte. Sie antwortete, so etwas könne man nie so genau voraussagen. Manchmal lasse sich der neue Erdenbürger – er hatte das Wort vorher nie gehört, aber es klang unheimlich poetisch – sehr viel Zeit, und manchmal könne der „Neue" die Zeit gar nicht abwarten, bis er ins Leben dränge.

Obwohl er sehr müde war, wollte er nicht auf dem Sofa der Nachbarin schlafen. Er war zu aufgeregt, und als sehr viel später sein Vater nach Hause kam, bestand er darauf, noch etwas wach bleiben zu dürfen, bis ihm die Augen zufielen.

Am nächsten Morgen ging er nur widerwillig in die Schule, weil er befürchtete, zu Hause etwas zu versäumen. Schließlich beugte er sich dem Notwendigen, auch wenn er wußte, daß seine Konzentrationsfähigkeit sicher zu wünschen übrigließ.

Am nächsten Morgen war das Baby da. Er hatte nie daran gezweifelt, daß es eine kleine Schwester sein würde. Als es dann aber soweit war und ihm sein Vater die Nachricht überbrachte, klopfte sein Herz wie nie zuvor.

Der überschäumenden Euphorie folgte eine herbe Enttäuschung. Auf die Frage, wann er seine Schwester in Augenschein nehmen könne, sagte ihm sein Vater, Kinder dürften leider nicht mit in die Klinik, weil sie Krankheiten einschleppen und die Säuglinge dadurch gefährden könnten. So blieb ihm nichts übrig, als unten auf dem Rasen zu stehen, während seine Mutter ihm aus der zweiten Etage des Krankenhauses einen Gruß zuwinkte.

Eine ganze Woche lang mußte er sich gedulden. Dann endlich kündigte sein Vater an, daß er die Mutter und das Baby aus der Klinik abholen wolle und sie etwa vormittags gegen zehn Uhr zu Hause ankommen würden.

Für ihn war das eine Qual. Er saß die ganze Zeit eingeklemmt in seiner Schulbank und sehnte die Zeit herbei, zu der die Glocke das Ende der Unterrichtsstunden ankündigte. Um halb zehn läutete die Glocke zur großen Pause, die sie auf dem Schulhof verbringen mußten. Bevor die Schüler das Klassenzimmer verließen, faßte er sich ein Herz. Er ging an das Pult des Lehrers und sagte: „Herr Kobiella, wir bekommen heute ein Baby." Er sagte nicht etwa „heute bekomme ich eine Schwester", nein, er sagte *„wir* bekommen ein Baby!"

Der Lehrer lächelte ihn an und fragte: „Dann möchtest du jetzt sicher nach Hause gehen, um euer Baby anzusehen?"

Er nickte, und er konnte sich nicht erinnern, das Schulgebäude in der Lutterothstraße jemals so schnell und aufgeregt verlassen zu haben, während ihm der Lehrer noch nachgerufen hatte: „Sei vorsichtig, wenn du über die Straße gehst!"

Er war beim Überqueren der Straßen äußerst vorsichtig; denn er wußte ja, daß ihn die kleine Schwester brauchte. Er stellte sich vor, sie zu beschützen, auch wenn er sich nicht ausmalen konnte, wie anstrengend das manchmal werden würde.

Er wußte auch – das hatte ihm seine Mutter eingeschärft –, daß er in Zukunft alles teilen mußte; denn es gab ja jetzt zwei Kinder in der Familie, und nichts gehörte ihm mehr allein. Er akzeptierte das widerspruchslos und freute sich darauf, alles teilen zu *dürfen*. Wenn er mit der Klasse auf eine Reise ging, auf der sein Lehrer das Taschengeld der Kinder verwaltete, ließ er sich als erster einen Betrag auszahlen, um etwas für seine kleine Schwester einzukaufen. Es war ihm nicht einmal peinlich, das zuzugeben.

Und peinlich war es ihm in den folgenden Monaten auch nicht, wenn er seine Schwester ausführte, auch wenn die anderen Jungen auf der Straße darüber lachten. Stolz erhobenen Hauptes schob er den Kinderwagen durch die Straßen. Mochten sie ihm noch so viele Schmähungen nachrufen – er stand dazu und lernte fürs Leben, daß man sich niemals von der Meinung anderer abhängig machen darf.

Er ging seinen Weg gegen alle Widerstände, und so wollte er es auch in Zukunft halten.

Der Maikäfer im Rundstück

Während des ganzen Vormittags hatten die Jungen auf der Straße gespielt. Wegen irgendwelcher Konferenzen war schulfrei gegeben worden, und sie hatten das weidlich ausgenutzt.

Zunächst hatten sie sich mit dem damals sehr beliebten Spiel „Meine Bahn – deine Bahn" die Zeit vertrieben. Die Regeln waren ganz einfach: Die gelben und sehr altmodischen Straßenbahnen, die in den ersten Nachkriegsjahren frühmorgens auch für den Transport von Postpaketen und Lebensmitteln wie Gemüse eingesetzt wurden, waren mit vierstelligen Zahlen numeriert, nicht systematisch zwar, aber doch so, daß man sich die Ziffernfolge gut merken konnte. Jeder der Jungen hatte „seinen" Wagen, und in dem Spiel ging es darum, wessen Wagen als nächster an einer bestimmten Stelle vorbeifahren würde. Dem Sieger winkte immer irgendein Preis, der vorher ausgehandelt wurde.

Um sich die Zeit nicht lang werden zu lassen, wenn einmal eine Zeitlang nicht die erwarteten Wagen dabei waren, legten die Jungen Münzen auf die Schienen. Am besten eigneten sich die Zehn-Pfennig-Stücke, die sie „Groschen" nannten. Wenn der ganze, meistens aus drei Wagen bestehende Straßenbahnzug darüber hinweggerattert war – das bedeutete immerhin sechs Räder, denen auch nicht die härteste Münze standhalten konnte –, dann blieb eine dünne ovale oder etwas „eierige" Scheibe liegen. Einige Jungen besaßen eine ganze Zigarrenkiste voller platt gefahrener Geldstücke, und es gab in einem der Hinterhöfe eine richtige kleine Tauschbörse, auf der Angebot und Nachfrage den Wert einzelner Stücke bestimmten. Besonders gefragt waren bizarr verformte Stücke, die von der Norm abwichen und die als eine Art Orakel dienten.

Einer der Jungen hatte ihnen erzählt, es sei verboten, Geldstücke auf die Schienen zu legen, und man könne dafür bestraft werden. Und das machte die Sache erst recht zu einem Spaß, der erst aufgegeben wurde, als die Hamburger Hochbahn sehr viel später die „Sambawagen" einführte. Offiziell hießen die elegant geformten langen Fahrzeuge „Großraumwagen". Aus einem Grund, den sich die Jungen nicht erklären konnten, aber sie vermuteten, das hänge mit der höheren Fahrgeschwindigkeit der neuen Züge zusammen, schleuderten die Sambawagen die meisten Münzen von den Schienen. Dadurch verlor die Sache ihren Reiz.

Als sie der Meinung waren, sie hätten genug Münzen platt gewalzt, beschlossen sie alle zusammen, mit den beiden Jungen von der Bäkkerei dorthin zu gehen. Das war nichts Ungewöhnliches, und sie spielten dort häufig. Hinter dem Laden befand sich die Wohnung der Familie, und daran schloß sich die Backstube an. Die Bäckergesellen waren schon nach Hause gegangen, weil sie ja schon nachts mit ihrer Arbeit begannen. Aber die Vorbereitungen für den nächsten Tag waren schon getroffen, und es machte den Jungen immer viel Spaß, zwischen den langen Tischen mit den dicken Holzplatten herumzuturnen. Als besondere Geschicklichkeits- und Mutprobe galt es, auf dem Rand eines riesigen schüsselähnlichen Metallgefäßes zu balancieren, in das bei Arbeitsbeginn ein Rührwerk hineingeschwenkt wurde. Der Teig war schon vorbereitet und quoll in dem Behälter vor sich hin. Die Kunst bestand darin, mit den Füßen immer schön auf dem Rand zu bleiben und nicht in den Teig hineinzufallen oder auch nur mit einem Schuh hineinzutreten. Und der Mut bestand darin, den Balanceakt zu riskieren, obwohl ja jederzeit der Bäckermeister in die Backstube hineinkommen konnte und dann natürlich ein furchtbares Donnerwetter auf die Jungen niedergeprasselt wäre.

Einmal hatten sie etwas ausgeheckt, dessen Ausgang ungewiß und deshalb ungeheuer aufregend war. Sie hatten sich überlegt, was wohl passieren würde, wenn man etwas in den Teig hineinlegte, das dann vielleicht in einem Brot oder Brötchen von einem Kunden gefunden würde. Sie hatten lange darüber palavert, was als „Zugabe" am besten geeignet wäre.

Eine Idee, die bis zuletzt als Favorit auf der Auswahlliste stand, stammte von Manfred. Er hatte vorgeschlagen, einen kleinen Zettel hineinzulegen, mit der Aufforderung, der Finder möge sich doch im Bäckerladen melden, damit man wisse, bei wem die Nachricht angekommen sei. Manfred hatte gelesen, daß man mit solchen Botschaften manchmal eine Flaschenpost auf die Reise schickte und sich die Finder immer sehr darüber freuten.

Die Sache erschien den Jungen insofern gefährlich, als sie befürchteten, anhand der Schrift überführt werden zu können. Und überhaupt müsse das Ganze eher wie ein Zufall aussehen und nicht wie ein Anschlag auf das Bäckereigewerbe.

Bei einem perfekten Verbrechen, hatte Wolfgang gesagt, komme es darauf an, daß dem Täter nichts nachzuweisen sei. So beschlossen sie, etwas im Teig zu verstecken, das sie nicht verraten konnte, mit dem also eine Überführung ausgeschlossen sei.

Genau so geschah es.

Die beiden Bäckersöhne, die sich am unauffälligsten jederzeit Zugang zum Laden verschaffen konnten, erhielten den Auftrag, die „Lage zu peilen" und sorgfältig zu beobachten, was in den nächsten Tagen passieren würde. Tatsächlich waren sie mit ihren Recherchen auch erfolgreich. Drei Tage nach der Aktion, so berichteten sie, habe sich eine Kundin beim Bäckermeister beschwert, sie habe einen Maikäfer im Rundstück gefunden. Die Frau habe mächtig geschimpft, und dem Bäcker sei der Vorfall sehr peinlich gewesen und er habe der Kundin versichert, sich überhaupt nicht vorstellen zu können, wie ein Maikäfer in ein Rundstück kommen könne. Natürlich gab er ihr Ersatz und zur Entschädigung noch eine Tüte Brötchen obendrauf.

Die Jungen feixten darüber und waren der Ansicht, dies sei das Beste, was sie jemals geleistet hätten. Und sie wußten mehr als alle anderen: Es war beileibe kein Maikäfer – es war eine Kakerlake!

„Kartoffelpuffer – Achtung, kein Fischöl!"

In den zwei Wochen nach Juttas Geburt herrschte in der Stadt überall viel Aufregung. Die Erwachsenen sprachen von einer „Stunde X". Als er seine Eltern fragte, was das bedeute, antworteten sie ihm, es werde bald neues Geld geben. Das nenne man „Währungsreform". Nur wann es soweit sein würde, hielten die Politiker geheim. Das eine aber sei ganz sicher: Das alte Geld, die Reichsmark, werde dann ihren Wert verlieren.

Er geriet in Panik, denn er fürchtete um sein Taschengeld, von dem er sich schon einen Betrag von mehr als fünfzig Reichsmark zusammengespart hatte. Es schien ihm vernünftig, das Geld auszugeben, bevor damit nichts mehr anzufangen wäre.

Er nahm das Geld aus einer Zigarettendose, in der er es aufbewahrte, steckte es in einen Brustbeutel, den ihm sein Vater vom Militär mitgebracht hatte, und ging damit in die nahe gelegene Osterstraße, um für seine Reichsmark in einem der vielen Geschäfte etwas Brauchbares zu finden.

Er wunderte sich über die ganz ungewöhnliche hektische Betriebsamkeit, die auf der Straße herrschte. Teilweise bildeten die Menschen lange Schlangen vor den Läden, die er noch nie so voll gesehen hatte wie an diesem 19. Juni des Jahres 1948.

Vieles, was an diesem Tag angeboten und gekauft wurde, schien eher für Gelegenheitskäufe geeignet; denn er konnte sich nicht vorstellen, was man mit 20 Sicherungen anfangen konnte, mit einer Rolle Draht oder einem gelben Maßband, das in einem kleinen Holzkasten lag.

Vernünftiger schien es ihm, in das Papiergeschäft von Herrn Timm zu gehen, um zu sehen, ob er einen Zeichenblock oder ein paar Buntstifte ergattern konnte. Am liebsten hätte er einen neuen Füllfederhalter gehabt, aber solche Schätze waren kaum zu bekommen.

Er war erstaunt, daß sich die Leute vor Herrn Timms Ladentisch drängelten. Als er sich dazwischen schob, um zu sehen, was es dort gab, sah er einige Kisten mit Büchern, in denen die Interessenten herumwühlten. Er stellt sich dazu und griff sich einige Titel heraus, von denen er einen Teil wieder zurücklegte. Von denen, die er in die engere Wahl gezogen hatte, blieb ein Buch übrig, das ihn besonders interessierte. „Lenins Schriften und Briefe" stand auf dem Papp-Umschlag. Er blätterte ein wenig darin und stellte fest, daß es einen ziemlich schwer lesbarer Text enthielt. Andererseits war Lenin ein Name, den er schon gehört hatte und von dem ein Arbeitskollege seines Vaters behauptete, das sei ein wichtiger Mann, der die Menschheit weit vorangebracht habe. Also kaufte er sich das Buch für 38 Reichsmark und für den Rest noch ein paar Bleistifte. Damit war er pleite. Aber er verließ sich auf die Prognose der Älteren, daß er am nächsten Tag für sein gutes Geld gar nichts mehr bekommen würde.

Am nächsten Morgen, es war ein regnerischer Sonntag, holten sich die Leute an vielen Verteilungsstellen ihr „Kopfgeld" ab und jubelten über das neue Geld, das „Deutsche Mark" genannt wurde und von dem sich alle Wohlstand erhofften.

Tatsächlich waren die Schaufenster am Montag voll. Die Menschen, die sich die Nasen an den Scheiben platt drückten, sahen vieles von dem, was sie lange Zeit entbehren mußten. Alles, was es bis dahin nur auf dem schwarzen Markt gegeben hatte, war über Nacht zur „weißen Ware" geworden. Allerdings waren die Preise so hoch, daß sie sich nichts davon leisten konnten.

Ganz nebenbei erfuhr er, daß sein rotes Sparbuch, das seine Eltern für ihn bei der Hamburger Sparkasse von 1827 eingerichtet hatten, über Nacht erheblich an Wert verloren hatte. Für die 420 Reichsmark, die dort eingezahlt worden waren, hatte ihm die Sparkasse gerade einmal 42 D-Mark gutgeschrieben.

Auf der anderen Seite rückte jetzt die Erfüllung seines sehnlichsten Wunsches nach einem größeren Akkordeon in greifbare Nähe; das hatte ihm sein Vater fest versprochen. Und spätestens jetzt wurde ihm klar, wie wertvoll eine kleine Schwester sein konnte. Sie war am 8. Juni zur Welt gekommen und hatte damit Anspruch auf das Kopfgeld gehabt, mit dem sie ja aber noch nichts anfangen konnte. Alles, was so ein Baby brauchte, war aus der Verwandtschaft zusammengetragen worden: das Kinderbett, ein Kinderwagen, Windeln, die immer wieder ausgewaschen werden mußten, Babyspielzeug, angefangen bei einer kleinen Spieluhr bis hin zu einem Elfenbein-Beißring, und sogar ein zusammenklappbarer Kinderhochsitz, der erst mal auf den Dachboden gestellt wurde, weil es mit dem Sitzen ja noch etwas Zeit hatte.

Geld brauchte das Baby also noch nicht. Damit war Juttas Kopfgeld „über", und das war der Grundstock zu Erfüllung seines Wunsches!

Sein Vater hielt Wort. Sechs Wochen nach der Währungsreform überraschte er seinen Sohn mit einem Akkordeon: 120 Bässe, zwölf Register, Perlmutt-Besatz – genau so, wie er es sich in seinen Träumen vorgestellt hatte.

Jetzt endlich konnte das alte, bei weitem zu kleine Instrument weggegeben werden. Die einige Jahre jüngere Heike Brink, die seit einigen Monaten Musikunterricht bekam, sollte es haben. Ganz leicht fiel ihm das nicht. An dem kleinen Akkordeon hingen viele schöne Erinnerungen. Er war damit gleich nach dem Krieg eingeladen worden, beim Rundfunk vorzuspielen, und war dabei auf den früheren Intendanten Hans Bodenstedt getroffen, der nach dem Krieg den Kinderfunk des Senders betreute. Bodenstedt hatte sich seine Hände angesehen und zu seiner Mutter gesagt: „Der Junge hat Hände, wie man sie sich bei einem Geiger wünscht. Sie sollten ihm Geigenunterricht geben lassen." Er könne eine sehr gute und preiswerte Violine beschaffen, hatte der Mann dann noch hinzugefügt, und er würde sich auch um einen Lehrer kümmern. Er denke da an einen pädagogisch begabten Musiker aus dem Sinfonieorchester des Senders.

Damit aber hatte Bodenstedt die Mutter des Jungen auf dem falschen Bein erwischt. Seit sie einmal ein Nachbarkind ertragen mußte, das jeden Tag zwei Stunden geigen übte, konnte sie „das Gequietsche" nicht mehr ertragen. Nein, so befand sie, Geige sei nichts für ihren Sohn. Sie mochte Akkordeon. Am liebsten „La Paloma" und den „Schneewalzer". Dafür hatte sie ihren Sohn schon während des Krieges jeden Donnerstagnachmittag zur „Musikstunde" des Herrn Seehafer geschickt. Bei dem er zwar nicht viel gelernt hatte, aber nach ihrer Meinung das Richtige.

Manchmal war er maulig gewesen, wenn ihn seine Mutter

gezwungen hatte, ein und dasselbe Stück zehnmal hintereinander zu üben, bis jeder Ton perfekt paßte. Meistens saß sie dabei an ihrer Nähmaschine, und damit er nicht mogelte, legte sie jedesmal eine Stecknadel mit einem bunten Kopf beiseite, wenn das Stück zu Ende war und er es wieder von vorn begann. Das war eine harte Schule gewesen. Aber jetzt, ein paar Jahre später, war er froh, daß ihn seine Mutter nicht geschont hatte. Ein paar Jahre noch, dann würde er in einer Tanzkapelle spielen – die Bezeichnung „Band" war noch nicht in den deutschen Wortschatz eingegangen –, und darauf freute er sich. Bis dahin aber sollte es noch ein langer Weg mit vielen Übungsstunden sein.

Zunächst spürte er, daß er mit seinen zwölf Jahren schon einen Teil seiner größten Lebenskatastrophen hinter sich hatte. Er freute er sich auf das, was noch kommen würde.

Im Spätsommer waren seine Eltern mit ihm zum Hamburger Dom gegangen. Am meisten liebte er dort ein Kinderkarussell mit hübschen Holzpferden und glitzernden Phantasiewagen. Das Fahren darauf überließ er den Kleineren. Aber er konnte stundenlang fasziniert vor einem dort aufgebauten großen Orchestrion stehen, das einen wunderschönen Klang hatte und das von einem fast lebensgroßen Engel dirigiert wurde, zu dessen beiden Seiten Cherubine mit ganz dicken Backen in Trompeten bliesen.

Als er sich satt gesehen und satt gehört hatte, wollte er sich auch satt essen. Sie machten sich auf die Suche nach einer Würstchenbude, die sie früher immer gemieden hatten, weil dort vor der Währungsreform ein Pappschild mit der Aufschrift gestanden hatte „Ziegenbockwurst – nur 80 Pfennige".

Als sie dort angekommen waren, stellten sie erleichtert fest, daß sich die Zeiten tatsächlich geändert hatten. Was es jetzt dort gab, sah alles recht appetitlich aus. Auf einem gedruckten Schild lasen sie „Kartoffelpuffer – Achtung, kein Fischöl!"

Das war das Zeichen, daß es wieder aufwärts ging.

Deutschland war auf dem Weg in sein Wirtschaftswunder, was die Menschen aber 1948 allenfalls hoffen konnten, aber noch nicht wußten.

Das aber ist eine andere Geschichte.

Und auch die war manchmal sogar komisch!